빅데이터 시대에 10대가 꼭 알아야 할

채근담

온고지신 시리즈

빅데이터 시대에 10대가 꼭 알아야 할

채근담

초판 인쇄일	2025년 4월 20일
초판 발행일	2025년 5월 2일

지은이	홍자성
옮긴이	유 진
펴낸이	김순일
펴낸곳	주니어미래
신고번호	제2024-000016호
주소	경기도 고양시 덕양구 삼송로 222, 현대헤리엇 업무시설동(101동) 301호
전화	02-715-4507
팩스	02-713-4805
이메일	mirae715@hanmail.net
홈페이지	www.miraepub.co.kr
블로그	blog.naver.com/miraepub

ISBN 978-89-7299-583-8 (44140)
ISBN 978-89-7299-565-4(세트)

주니어미래는 미래문화사의 청소년 브랜드입니다.

온고지신 시리즈

빅데이터 시대에 10대가 꼭 알아야 할

채근담

홍자성 지음 | 유진 옮김

주니어
미래

오래 엎드려 있는 새가 높이 난다

무한경쟁과 물질만능의 시대를 살고 있는 오늘날의 우리는 끊임없이 스스로의 가치를 증명하기 위해 애쓰며 살아갑니다. 세상이 정해 놓은 잣대에 맞춰 학생은 학생대로, 직장인은 직장인대로 성적을 내고 성과를 내기 위해 자신을 끊임없이 한계로 몰아붙입니다. 이 과정에서 우리는 자신도 모르게 육체적, 정신적 피로감에 시달리며 하루하루를 버티듯 살아 내고 있습니다.

이러한 현실 속에서 저마다 자신의 인생을 좀 더 보람 있고 활기차게 바꾸는 방법에는 여러 가지가 있겠지만 옛 선인들의 담박한 삶의 지혜가 담긴 고전을 읽는 것은 어떨까요? 고전 속에 담긴 삶의 철학들을 읽어 내려가다 보면 지금 여러분이 가진 고민이나 스트레스를 슬기롭게 극복하고 인생 자체를 즐기는 시간으로 채울 수 있을 것입니다.

여러 고전 중에서도 《채근담》은 치열하게 경쟁하는 가운데 메말라 버린 우리들의 일상을 위로하고 삶의 여정을 되돌아볼 기회를 주는 책입니다. 《채근담菜根譚》의 채근菜根은 '나물 뿌리'라는 뜻이며 담譚은 '이야기'를 뜻합니다.

책의 제목을 채근이라고 지은 이유는 송나라 대의 학자 왕혁王革

의 말에서 추측할 수 있습니다. 그는 "사람이 나물 뿌리를 늘 씹어 먹을 수 있다면 세상의 어떠한 일이라도 못할 게 없다."고 말한 바 있습니다. 극한의 처지에서도 포기하지 않고 견디는 마음가짐으로 세상을 살아가라는 것이 이 책의 주제이자 제목입니다.

《채근담》을 쓴 홍자성이 살았던 명나라 말기는 정치적 부패와 사회적 혼란이 극심했던 시기였습니다. 홍자성은 이 책을 통해 격변하는 현실 속에서도 인간이 도덕적 본성을 잃지 않고 정신적 평안을 유지하는 방법을 제시하고자 했습니다.

홍자성은 인간의 무한한 욕망을 채우기 위하여 노력하기보다, 욕심 없고 소박한 마음으로 세상의 어려움을 이겨 내고 다스릴 줄 알아야 행복하게 살아갈 수 있다고 말합니다.

그 어느 고전보다 편안하고 단순하게 인생의 참뜻과 지혜로운 삶의 자세를 알려 주기 때문에 기본적인 삶의 태도와 가치관을 형성해 가는 10대 시절에 《채근담》을 가까이에 두고 반복해서 읽는다면 인생의 좋은 나침반이 되어 주리라 생각합니다.

어려운 지식이 담긴 동양 고전이라고 생각하지 말고, 가볍게 여행하듯이 심각하지 않게 책장을 넘기다 보면 어느새 마음속 삶의 지침서가 되어 어떠한 어려움도 극복할 수 있는 내면의 힘을 길러 줄 것입니다.

유진

전집前集

하루를 살아도 기쁜 마음으로

[1~50장]

전집 前集

하루를 살아도
기쁜 마음으로

현실을 살면서도 현실에 집착하지 않는
마음가짐과 지혜를 담았습니다.
아무리 힘든 일도 슬기롭게 견뎌 낼 수 있도록
이끌어 주는 경구들이 주를 이룹니다.

빅데이터 시대에 10대가 꼭 알아야 할
채근담

차라리 한때의 쓸쓸함을 택하라

도덕을 지키며 사는 사람은 한때 쓸쓸한 생활을 하게 되나,
권세에 아부하며 빌붙어 사는 사람은 영원히 처량하게 된다.
사물의 이치에 통달한 사람은
사물 밖의 진리를 깨닫고, 죽은 후의 명예를 생각한다.
그러므로 한때 쓸쓸하더라도
영원히 처량하게 될 일은 취하지 말라.

棲守道德者, 寂寞一時; 依阿權勢者, 凄凉萬古. 達人觀物外之物,
서 수 도 덕 자   적 막 일 시   의 아 권 세 자   처 량 만 고   달 인 관 물 외 지 물
思身後之身, 寧受一時之寂寞, 毋取萬古之凄凉.
사 신 후 지 신   영 수 일 시 지 적 막   무 취 만 고 지 처 량

해설

  도덕적으로 사는 사람은 한때 외롭고 불우할지 모릅니다. 반면 권력자
에게 아첨하면서 살아가는 사람은 일시적으로 부귀영화를 누릴지 모르나
결국 처량한 운명에 떨어지게 되는 것이 삶의 이치입니다.

  도덕적, 양심적으로 사는 것은 인간적 자각과 영원을 내다보며 사는 삶
입니다. 이렇게 사는 사람은 순간적인 행복만을 추구하지 않기에 물질적
생활은 궁핍할 수 있습니다. 또 세상 사람들이 그의 초탈한 인격을 이해
하지 못할 수도 있지요. 하지만 도덕을 지키고 사는 사람은 정신이 자유
로우며 참다운 행복을 누립니다.

🌱 군자의 삶

세파에 부딪힘이 얕으면 그만큼 때 묻음도 얕고,
세상사 겪음이 깊으면 그만큼 남을 속이는 계략도 깊게 마련이다.
그러므로 군자는 세상살이에 능하기보다는 소박한 편이 바람직하고,
주도면밀하기보다는 소탈하고 꾸밈없는 편이 낫다.

涉世淺, 點染亦淺; 歷事深, 機械亦深. 故君子與其練達, 不若朴魯;
섭 세 천 점 염 역 천   역 사 심 기 계 역 심 고 군 자 요 여 기 련 달 불 약 박 로

與其曲謹, 不若疎狂.
여 기 곡 근 불 약 소 광

16 ·

🌱 마음은 드러내고 재주는 숨겨라

군자의 마음은
하늘이 푸르고 태양이 빛나는 것처럼
남들로 하여금 모두 알아보게 해야 하며,
군자의 재능과 슬기로움은
옥구슬과 진주가 깊숙이 감추어진 것같이
남들이 쉽사리 알지 못하도록 해야 한다.

君子之心事, 天青日白, 不可使人不知. 君子之才華, 玉韞珠藏,
군 자 지 심 사   천 청 일 백   불 가 사 인 부 지   군 자 지 재 화   옥 온 주 장

不可使人易知.
불 가 사 인 이 지

🔖 해설

　군자는 언제 어디서나 공명정대하여 조금이라도 남의 오해를 사는 일
이 없도록 해야 합니다. 그러나 그 재주는 깊숙이 감추어 두고 홀로 안으
로만 갈고닦아야지, 남이 알아주기를 바라거나 남에게 자랑하기 위해서
애써 드러내고자 해서는 안 됩니다.

🌱 가까이하고도 물들지 않는 사람

권세와 명예, 부귀영화를 가까이 않는 사람을 청렴결백하다 하나
이를 가까이하면서도 물들지 않은 사람이 더욱 청렴결백하고,
책략과 속임수의 교활함을 모르는 사람을 고결하다 하나
알고 있으면서도 쓰지 않는 사람은 더욱 고결하다.

勢利紛華, 不近者爲潔, 近之而不染者爲尤潔; 智械機巧,
세 리 분 화   불 근 자 위 결   근 지 이 불 염 자 위 우 결   지 계 기 교

不知者爲高, 知之而不用者爲尤高.
부 지 자 위 고   지 지 이 불 용 자 위 우 고

🌱 귀에 거슬리는 말이 이롭다

귀로는 언제나 거슬리는 말을 들으려 하고,
마음속으로는 언제나 어긋나는 일을 간직해야
덕성을 기르고 행실을 닦는 숫돌이 되는 것이다.
만일 들리는 말마다 귀를 기쁘게 하고,
하는 일마다 마음을 흡족하게 한다면
이는 곧 자신의 삶을 짐새의 독에 파묻는 것이다.

耳中常聞逆耳之言, 心中常有拂心之事, 總是進德修行的砥石.
이 중 상 문 역 이 지 언   심 중 상 유 불 심 지 사   총 시 진 덕 수 행 적 지 석
若言言悅耳, 事事快心, 便把此生埋在鴆毒中矣.
약 언 언 열 이   사 사 쾌 심   변 파 차 생 매 재 짐 독 중 의

🎣 해설

《공자가어孔子家語》에 '좋은 약은 입에 쓰지만 병에는 이롭고, 충고의 말은 귀에 거슬리지만 행실에는 이롭다'라는 구절이 있습니다. 들리는 말마다 비판하는 말이고, 하는 일이 모두 뜻대로 되지 않는 상태에 있을 때, 오히려 그 괴로움이 약이 되어 인격을 향상시킬 수 있습니다. 이와 반대로 언제나 아부하는 소리만 듣고 하는 일마다 순조롭다면, 마치 독약 속에서 나날을 보내는 것과 같습니다. 본문에 나오는 '짐새'는 그 그림자가 지나간 음식만 먹어도 죽는다는, 무서운 독이 있는 새를 말합니다.

🌱 하루를 살아도 기쁜 마음으로

거센 바람과 폭우에는 새들도 근심하고,
화창한 날씨와 미풍에는 초목도 기뻐한다.
천지에는 하루라도 온화한 기운이 없어서는 안 되고
사람의 마음에는 하루라도 기쁨이 없어서는 안 된다.

疾風怒雨, 禽鳥戚戚; 霽日光風, 草木欣欣.
질풍노우 금조척척 제일광풍 초목흔흔
可見天地不可一日無和氣, 人心不可一日無喜神.
가견천지불가일일무화기 인심불가일일무희신

🪴 세상의 이치를 깨달은 이는 평범하게 행동한다

진한 술, 기름진 고기와 맵고 단 것은 참다운 맛이 아니다.
참다운 맛은 오로지 담박할 뿐이다.
기이한 재주와 탁월한 행실이 있어야
세상의 이치를 아는 사람이 되는 것은 아니다.
세상의 이치를 아는 사람은 평범할 뿐이다.

醴肥辛甘非眞味, 眞味只是淡; 神奇卓異非至人, 至人只是常.
예 비 신 감 비 진 미　진 미 지 시 담　신 기 탁 이 비 지 인　지 인 지 시 상

 해설

　자극적인 것, 특히 짜거나 맵고 잠시 미각을 자극하는 것들은 금방 싫증이 납니다. 또 사람을 깜짝 놀라게 하는 행동도 한두 번이면 족합니다. 평범함 가운데 실로 무궁한 맛이 들어 있다는 것이 홍자성의 철학입니다. 이와 마찬가지로 진정한 인격자는 그 언행과 자세가 결코 지나침이 없이 아주 평범하고 소박합니다. 대현大賢은 우愚와 통한다는 말과 일맥상통하지요.

🌱 동중정과 정중동

하늘과 땅은 고요하여 움직이지 않지만
그 작용은 잠시도 멈추지 않으며,
해와 달은 밤낮으로 바삐 달리고 있지만
그 밝은 빛은 영원히 변치 않는다.
그러므로 군자는 한가한 때 마음의 긴장을 놓지 말아야 하고,
바쁜 가운데서도 여유로운 마음가짐이 있어야 한다.

天地寂然不動, 而氣機無一息少停; 日月晝夜奔馳,
천 지 적 연 부 동   이 기 기 무 일 식 소 정   일 월 주 야 분 치
而貞明則萬古不易. 故君子閒時要有喫緊的心思,
이 정 명 즉 만 고 불 역   고 군 자 한 시 요 유 끽 긴 적 심 사
忙處要有悠閒的趣味.
망 처 요 유 유 한 적 취 미

🎵 **해설**

자연은 끊임없이 쉬지 않고 변화하고, 해와 달은 밤낮을 가리지 않고
운행합니다. 가만히 머무르지 않지만 규칙적이지요. 이와 같이 대자연의
원리와 법칙은 변하지 않으나 그 안에 움직임과 변함이 있습니다. 움직이
고 변화하는 속에 오히려 변하지 않는 원리와 법칙이 있는 것입니다. 그
러므로 한적한 때라 할지라도 급박한 상황에 대처하기 위해 용의주도한
마음가짐이 필요하며, 이와 반대로 바쁠 때도 유유하고 한가한 때의 여유
를 가질 수 있어야 합니다. 사람에게는 언제나 동중정動中靜과 정중동靜中動
의 심적 자세가 필요한 것입니다.

🌱 깊은 밤에 홀로 앉아 마음을 들여다보면

밤이 깊어 인적이 없이 고요할 때
홀로 앉아 자신의 마음을 들여다보면,
비로소 허망한 생각이 사라지고
참된 마음이 나타나는 것을 깨닫게 되며,
이런 가운데서 큰 진리를 얻게 된다.
그러나 이미 참된 마음이 나타났는데도
허망한 생각에서 벗어나기 어려움을 깨닫게 되면,
또한 이 가운데서 진실로 부끄러움을 느끼게 되는 것이다.

夜深人靜, 獨坐觀心, 始覺妄窮而眞獨露, 每於此中得大機趣;
야 심 인 정 독 좌 관 심 시 각 망 궁 이 진 독 로 매 어 차 중 득 대 기 취
旣覺眞現而妄難逃, 又於此中得大慚恧.
기 각 진 현 이 망 난 도 우 어 차 중 득 대 참 뉵

🎵 해설

  깊은 밤 고요 속에서 혼자 자기 마음을 들여다볼 때 비로소 자기의 본
심이 나타납니다. 그때야 비로소 인간의 본성을 되찾고 인생의 참된 의미
를 발견하게 되지요. 그러나 이런 때에도 허망한 생각에서 벗어나지 못한
자기 자신을 발견하면 스스로를 부끄럽게 여기는 마음이 깊어집니다.

🌱 봄꽃도 한철, 비바람도 한때

은혜를 입고 있는 중에 재앙이 싹트는 것이니,
한창 의기양양할 때 일찌감치 돌이켜 반성해야 한다.
실패한 뒤에 오히려 성공이 따를 수 있으니,
마음대로 되지 않는다고 해서 곧바로 포기해서는 안 된다.

恩裡由來生害, 故快意時, 須早回頭; 敗後或反成功, 故拂心處,
은 리 유 래 생 해   고 쾌 의 시   수 조 회 두   패 후 혹 반 성 공   고 불 심 처
莫便放手.
막 변 방 수

🎧 해설

　겨울이 지나면 봄이 찾아오고 달이 차면 기우는 자연의 법칙은 인간에
게도 그대로 적용됩니다. 이 점을 늘 염두에 두어 일이 순조롭게 풀려 나
갈 때도 마음을 놓아서는 안 되며, 역경에 처했을 때도 자포자기해서는
안 됩니다. 화사하게 피는 꽃도 한철이요, 비바람도 한때라는 생각으로
앞을 바라보는 삶의 태도를 기른다면 좌절 속에서 다시 일어날 수 있을
것입니다.

🌱 지조는 담박함으로 다듬어지고 물욕으로 잃는다

명아주로 입맛을 달래고 비름으로 창자를 채우는 사람 중에는
얼음처럼 맑고 옥처럼 깨끗한 사람이 많지만,
비단옷을 입고 기름진 음식을 먹는 사람 중에는
남에게 굽실거리며 종 노릇도 기꺼이 하는 이가 많다.
대체로 지조는 담박하고 청렴한 데서 뚜렷해지고
절개는 호의호식하며 물욕을 탐하는 데서 잃기 때문이다.

藜口莧腸者, 多氷淸玉潔; 袞衣玉食者, 甘婢膝奴顔.
여 구 현 장 자   다 빙 청 옥 결   곤 의 옥 식 자   감 비 슬 노 안
蓋志以澹泊明, 而節從肥甘喪也.
개 지 이 담 박 명   이 절 종 비 감 상 야

🌱 너그러움이 부족하지 않게 하라

살아 있을 때는 사람들을 너그럽게 대하여
불평과 탄식을 듣지 않도록 해야 하며,
죽은 뒤에는 은혜가 길게 이어지게 하여
사람들로 하여금 부족했다는 생각이 들지 않도록 해야 한다.

面前的田地要放得寬, 使人無不平之歎; 身後的惠澤要流得久,
면 전 적 전 지 요 방 득 관   사 인 무 불 평 지 탄   신 후 적 혜 택 요 류 득 구
使人有不匱之思.
사 인 유 불 궤 지 사

🔖 **해설**

언제나 열린 마음으로 현명함과 어리석음, 선과 악을 차별하지 않고 누구나 포용할 수 있어야 합니다. 그렇지 않으면 편파적으로 흘러 옹졸하고 독선적인 언행을 일삼게 되고 비난의 대상이 될 것입니다. 또한 죽은 뒤에도 유덕遺德이 길이 전해지도록 해야만 합니다.

♔ 좁은 길에서는 한 걸음 물러서라

좁은 길에서는 한 걸음 물러서서 다른 사람이 먼저 지나가게 하고,
맛있는 음식은 조금 덜어 다른 사람도 맛보게 하라.
이것이 세상을 살아가는 가장 편안하고 즐거운 방법 중의 하나이다.

徑路窄處, 留一步與人行; 滋味濃的, 減三分讓人嗜.
경 로 착 처 유 일 보 여 인 행 자 미 농 적 감 삼 분 양 인 기
此是涉世一極安樂法.
차 시 섭 세 일 극 안 락 법

♔ 물욕을 물리칠 수 있다면

사람으로서 위대한 일을 이루지는 못했을지라도
속된 욕심에서 벗어나기만 하면
그것만으로도 이름이 헛되지 않을 것이요,
학문을 하는 사람이 비록 공부를 많이 하지는 못했다 할지라도
물욕을 마음속에서 물리칠 수 있다면
이것으로 가히 성인의 경지에 이를 수 있을 것이다.

作人無甚高遠事業, 擺脫得俗情, 便入名流; 爲學無甚增益工夫,
작 인 무 심 고 원 사 업 파 탈 득 속 정 변 입 명 류 위 학 무 심 증 익 공 부
減除得物累, 便超聖境.
감 제 득 물 루 변 초 성 경

🌱 의로운 마음, 순수한 마음

벗을 사귈 때는
모름지기 어느 정도 의협심을 지녀야 하고,
사람의 됨됨이는
어느 정도 순수한 마음을 간직해야 한다.

交友須帶三分俠氣, 作人要存一點素心.
교 우 수 대 삼 분 협 기   작 인 요 존 일 점 소 심

해설

어떤 순간도 함께할 의협심이 없으면 참된 벗이 될 수 없고, 순수한 본심을 굳게 지켜야 인간다움을 유지할 수 있습니다. 인간의 순수한 본심만이 속세에 물들지 않고 끝까지 지조와 의리를 지켜 나가며 도덕적 양심을 이어 갈 수 있게 하기 때문입니다.

🌱 앞서야 할 때와 뒤처져야 할 때

혜택과 이익에 있어서는 다른 사람보다 앞서지 말고,
덕을 베푸는 데 있어서는 다른 사람에게 뒤처지지 말라.
받아서 누리는 것은 자신의 분수를 넘지 않도록 하고,
자신을 수양하는 일에는 있는 힘껏 행하라.

寵利毋居人前, 德業毋落人後; 受享毋踰分外, 修爲毋減分中.
총 리 무 거 인 전   덕 업 무 락 인 후   수 향 무 유 분 외   수 위 무 감 분 중

해설

　혜택과 이익은 더 많이 차지하려고 다투지 말고 될수록 남에게 양보하
는 것이 좋습니다. 그러나 덕행을 쌓는 데는 남에게 뒤지지 않도록 적극적
으로 나서야 합니다. 또 남에게 받는 물건은 받을 충분한 명분이 있다 할지
라도 분수를 넘지 않도록 해야 합니다. 그러나 자기 몸을 닦는 수양과 실천
에 있어서는 분수를 줄이는 일 없이 그 이상으로 노력해야 합니다.

🌱 한 걸음 물러섬이 나아가는 바탕이 되니

세상을 살아가는 데는 한 걸음 물러설 줄 아는 것을 높게 여기니,
한 걸음 양보하는 것은 곧 스스로 전진할 바탕이 되기 때문이다.
사람 대함에 있어서는 조금 너그럽게 하는 것이 복이 되니,
남을 이롭게 하는 것은 바로 자신을 유익하게 하는 근본이 되기
때문이다.

處世讓一步爲高, 退步卽進步的張本; 待人寬一分是福,
처 세 양 일 보 위 고   퇴 보 즉 진 보 적 장 본   대 인 관 일 분 시 복

利人實利己的根基.
이 인 실 리 기 적 근 기

🌱 큰 공도 자랑하면 가치를 잃는다

온 세상에 알려질 만한 공로도
자만이란 '긍矜' 한 글자를 당해 낼 수 없고,
하늘에 닿을 듯한 죄악도
뉘우침이란 '회悔' 한 글자를 이겨 내지 못한다.

蓋世功勞, 當不得一箇矜字; 彌天罪過, 當不得一箇悔字.
개 세 공 로 당 부 득 일 개 긍 자 미 천 죄 과 당 부 득 일 개 회 자

🎣 해설

  온 세상에 알려질 만큼 큰 공을 세웠더라도 스스로 그 일을 자랑한다면
가치가 없어지고, 하늘이 노할 만큼 큰 죄를 지었더라도 진심으로 깊이
뉘우친다면 그 죄는 용서받을 수 있다는 것입니다.

🌱 공은 네 덕으로, 오명은 내 탓으로

명예와 훌륭한 공로는
혼자 차지하지 말라.
어느 정도는 다른 사람과 나누어야
해를 멀리하여 몸을 보전할 수 있다.
욕된 행실과 이름을 더럽히는 일은
모두 남의 탓으로만 돌리지 말라.
어느 정도는 나의 책임으로 돌려야
지혜를 간직하고 덕을 기를 수 있다.

完名美節, 不宜獨任, 分些與人, 可以遠害全身; 辱行汚名,
완명미절 불의독임 분사여인 가이원해전신 욕행오명

不宜全推, 引些歸己, 可以韜光養德.
불의전추 인사귀기 가이도광양덕

🌱 남겨 두는 마음, 채우지 않는 지혜

일마다 얼마만큼의 여분을 남겨 두고
끝까지 다하지 않는다는 뜻을 가지면
조물주도 나를 미워하지 못할 것이요,
귀신도 나를 해치지 못할 것이다.
만약에 일마다 다 이루어지도록 바라고
공功도 반드시 가득 채우기를 바란다면,
안에서 변고가 일어나거나 바깥에서 근심을 부르게 될 것이다.

事事留個有餘不盡的意思, 便造物不能忌我, 鬼神不能損我.
사 사 유 개 유 여 부 진 적 의 사　변 조 물 불 능 기 아　귀 신 불 능 손 아

若業必求滿, 功必求盈者, 不生內變, 必召外憂.
약 업 필 구 만　공 필 구 영 자　불 생 내 변　필 소 외 우

🌱 일상에 참된 도가 있으니

가정 안에 하나의 참된 부처가 있고,
일상생활 속에 한 가지 참된 도가 있다.
사람이 성실한 마음으로 화친을 도모하며
즐거운 안색과 부드러운 말씨로
부모와 형제를 한 몸이 되게 하고 뜻이 맞게 하면,
부처 앞에 앉아 숨을 고르게 쉬고 마음을 가다듬는 것보다
만 배는 나을 것이다.

家庭有個眞佛, 日用有種眞道. 人能誠心和氣, 愉色婉言,
가 정 유 개 진 불 일 용 유 종 진 도   인 능 성 심 화 기   유 색 완 언

使父母兄弟間, 形骸兩釋, 意氣交流, 勝於調息觀心萬倍矣.
사 부 모 형 제 간   형 해 량 석   의 기 교 류   승 어 조 식 관 심 만 배 의

🎣 해설

부처는 절에서 찾기에 앞서 가정에서 찾아야 하며, 진리는 상아탑에서
찾기에 앞서 일상생활 속에서 찾아야 합니다. 가족들이 성실하고 화평하
게 살며 마음을 하나로 융합한다면, 이는 부처님 앞에서 도를 닦는 것보
다 몇 만 배나 나은 것입니다.

🌱 고요한 가운데 움직임이 있어야 한다

움직이기를 좋아하는 사람은
구름 사이에 번쩍이는 번개나 바람 앞의 등불과 같으며,
고요하기를 즐기는 사람은
불 꺼진 재나 마른나무와 같다.
모름지기 멈추어 있는 구름이나 잔잔한 물과 같은 경지에서도
솔개 날고 물고기 뛰노는 기상이 있어야 하니,
이것이 겨우 도를 깨친 이의 마음이다.

好動者, 雲電風燈; 嗜寂者, 死灰槁木. 須定雲止水中,
호 동 자 운 전 풍 등 기 적 자 사 회 고 목   수 정 운 지 수 중
有鳶飛魚躍氣象, 纔是有道的心體.
유 연 비 어 약 기 상   재 시 유 도 적 심 체

🔖 **해설**

　활동과 변화만을 좋아하면 구름 속의 번개나 바람 앞의 등불처럼 안정성이 없으며, 정숙과 안정만을 좋아하면 불 꺼진 재나 마른나무처럼 생명력을 잃게 됩니다. 멈추어 있는 구름 사이로 솔개가 날고, 잔잔한 물속에서도 고기가 뛰놀듯, 움직이지 않는 정靜 속에도 생명력이 넘쳐흐르는 동動이 있어야만 참된 도를 체득한 사람이라 하겠습니다.

🌱 꾸짖음도 받아들일 만큼만

다른 사람의 잘못을 비판할 때는
지나치게 엄격하게 하지 말고,
그가 그 책망을 감수할 수 있는가를 생각해야 한다.
다른 사람에게 선행을 가르칠 때는
너무 어려운 것을 기대하지 말고
그가 따를 수 있을 만큼 해야 한다.

攻人之惡, 毋太嚴, 要思其堪受; 敎人以善, 毋過高, 當使其可從.
공 인 지 악 무 태 엄 요 사 기 감 수   교 인 이 선   무 과 고   당 사 기 가 종

🪴 깨끗함은 더러움에서 나오고 밝음은 어두움에서 생겨난다

굼벵이는 몹시 더러우나
매미로 변하여 가을 바람결에 맑은 이슬을 마시고,
썩은 풀은 빛이 없으나
반딧불로 변하여 여름밤을 빛낸다.
그러므로 깨끗함은 항상 더러움에서 나오고,
밝음은 늘 어두움에서 비롯됨을 알아야 할 것이다.

糞蟲至穢, 變爲蟬而飮露於秋風; 腐草無光,
분 충 지 예 변 위 선 이 음 로 어 추 풍 부 초 무 광
化爲螢而耀采於夏月. 固知潔常自汚出, 明每從晦生也.
화 위 형 이 요 채 어 하 월 고 지 결 상 자 오 출 명 매 종 회 생 야

해설

　인간의 위대함은 현실의 무가치한 것을 가치 있는 것으로 바꿔 가는 데
있습니다. 매미는 더러운 굼벵이에서 나오고, 썩은 풀 속 어두운 곳에서
나온 반딧불이가 밝은 빛을 냅니다. 깨끗한 것이 더러운 것에서, 밝은 것
이 어두운 곳에서 나오듯 못난 사람도 노력에 따라 환골탈태하여 더 나
은 사람이 될 수 있습니다. 비슷한 말로 처염상정處染常淨이 있습니다. 연
꽃은 더러운 곳에서 자라도 세상에 물들지 않고 항상 맑은 본성을 간직할
뿐만 아니라 맑고 향기로운 꽃으로 피어나 세상을 정화한다는 뜻입니다.

🌱 객기를 물리쳐야 바른 기운이 자란다

뽐내며 오만한 것 중에
객기가 아닌 것이 없으니
객기를 물리친 뒤에야
바른 기운이 자랄 수 있다.
욕망과 사사로운 탐닉은
모두가 망령된 마음이므로
이런 마음을 물리친 뒤에야
참된 마음이 나타나게 된다.

矜高倨傲, 無非客氣, 降伏得客氣下, 而後正氣伸; 情欲意識,
긍 고 거 오 무 비 객 기 항 복 득 객 기 하 이 후 정 기 신 정 욕 의 식
盡屬妄心. 消殺得妄心盡, 而後眞心現.
진 속 망 심 소 살 득 망 심 진 이 후 진 심 현

🌱 일이 끝난 후를 생각하라

배불리 먹고 난 뒤에 음식의 맛을 생각하면
맛이 있고 없다는 분별이 모두 사라지게 되고,
성욕이 충족된 뒤에 욕정을 생각하면
이성에 대한 생각이 사라지게 된다.
그러므로 사람이 항상 일이 끝난 후에 뉘우칠 것을 생각하여
일을 시작할 때의 어리석음과 혼미함을 물리친다면
본성이 바로잡혀 행동에 바르지 않음이 없을 것이다.

飽後思味, 則濃淡之境都消; 色後思婬, 則男女之見盡絶.
포 후 사 미 즉 농 담 지 경 도 소 색 후 사 음 즉 남 녀 지 견 진 절
故人常以事後之悔悟, 破臨事之癡迷, 則性定而動無不正.
고 인 상 이 사 후 지 회 오 파 림 사 지 치 미 즉 성 정 이 동 무 부 정

해설

　식욕이 일단 충족되고 나면 아무리 산해진미라 할지라도 소용이 없게
됩니다. 인간의 모든 욕망은 그것을 충족시킨 뒤엔 시들해지고 관심이 없
어지며 후회마저 고개를 듭니다. 그러므로 일이 끝난 뒤에 느낀 후회의
마음을 간직해 두었다가 그 일을 하고 싶은 욕망이 일어날 때 이를 다시
떠올려서 부질없는 일을 하지 않도록 해야 합니다. 그렇게 할 때 사람의
본성은 안정되고 행동 또한 올바르게 될 것입니다.

🪴 자연에 묻혀 살아도 천하를 잊어서는 안 된다

선비는 높은 벼슬에 있을 때도
자연을 벗 삼는 고상한 취미가 없어서는 안 되며,
자연에 묻혀 이름 없는 처사의 생활을 할지라도
모름지기 국가를 다스리는 포부를 지니고 있어야 한다.

居軒冕之中, 不可無山林的氣味; 處林泉之下, 須要懷廊廟之經綸.
거 헌 면 지 중 불 가 무 산 림 적 기 미   처 임 천 지 하   수 요 회 낭 묘 지 경 륜

🪴 과오가 없으면 성공,
원망이 없으면 인덕

세상을 살면서 꼭 성공만을 바라지 말라.
과오가 없으면 그것이 곧 성공인 것이다.
남에게 베풀 때는 상대가 감격할 것을 바라지 말라.
원망을 사지 않으면 그것이 곧 은덕인 것이다.

處世不必邀功, 無過便是功; 與人不求感德, 無怨便是德.
처 세 불 필 요 공 무 과 변 시 공   여 인 불 구 감 덕   무 원 변 시 덕

🌱 지나치면 해가 된다

모든 일에 근심하고 부지런히 일하는 것이 미덕이기는 하지만,
지나치게 수고하면 본성에 따르거나 마음을 즐겁게 할 수 없다.
청렴하고 결백한 것은 높은 기개지만,
지나치게 깨끗하면 사람을 돕거나 이롭게 할 수 없다.

憂勤是美德, 太苦則無以適性怡情; 澹泊是高風,
우 근 시 미 덕   태 고 즉 무 이 적 성 이 정   담 박 시 고 풍

太枯則無以濟人利物.
태 고 즉 무 이 제 인 리 물

🌱 일이 안 풀릴 땐 첫 마음을,
잘 풀릴 땐 끝을 내다보라

일이 막혀 답답한 사람은
마땅히 처음 시작했을 때의 마음을 돌이켜 보고,
공을 이루어 만족하는 사람은
그 말로를 살펴야 한다.

事窮勢蹙之人, 當原其初心; 功成行滿之士, 要觀其末路.
사 궁 세 축 지 인   당 원 기 초 심   공 성 행 만 지 사   요 관 기 말 로

해설

하는 일이 곤경에 빠져 답답한 처지에 있을 때는 그 일을 처음 시작할 때의 각오를 상기함으로써 심기일전해야 합니다. 하는 일이 뜻대로 잘 풀리고 성공에 도달했을 때는 장차 그 일이 어떻게 될 수 있는지를 헤아려 보고 너무 방심하거나 해이해지지 않도록 해야 합니다. 차면 기울고 궁하면 통하는 것이 세상일임을 알아 자포자기하지도, 방심하거나 지나치게 낙관하지도 말아야 원하는 바를 이룰 수 있는 것입니다.

🌱 총명함을 과시하지 말라

부귀한 집안은 너그럽고 후덕해야 하는데
도리어 샘이 많고 인색하게 군다면
부귀하면서도 그 행실은 가난하고 천하게 하는 것이니
어떻게 부귀를 누릴 수 있겠는가?
총명한 사람은 마땅히 그 재능을 깊이 감추어야 하는데
도리어 잘난 듯 과시하면
총명하면서도 우매하게 그 병폐를 벗어나지 못하는 것이니
어찌 실패하지 않겠는가?

富貴家宜寬厚, 而反忌刻, 是富貴而貧賤其行矣, 如何能享?
부 귀 가 의 관 후   이 반 기 각   시 부 귀 이 빈 천 기 행 의   여 하 능 향
聰明人宜斂藏, 而反炫耀, 是聰明而愚懵其病矣, 如何不敗?
총 명 인 의 렴 장   이 반 현 요   시 총 명 이 우 몽 기 병 의   여 하 불 패

⚘ 겪어 봐야 깨닫는 것들

낮은 곳에 있어 봐야 높은 곳에 오르는 것의 위태로움을 알 것이요,

어두운 곳에 있어 봐야 밝은 빛을 향함이 눈부신 줄을 알 것이며,

고요함을 지키고 살아봐야 움직임을 좋아함이 수고로운 것인 줄을 알 것이며,

침묵을 지켜보아야 말 많음이 시끄러운 줄을 알 것이다.

居卑而後知登高之爲危, 處晦而後知向明之太露;
거 비 이 후 지 등 고 지 위 위   처 회 이 후 지 향 명 지 태 로

守靜而後知好動之過勞, 養默而後知多言之爲躁.
수 정 이 후 지 호 동 지 과 로   양 묵 이 후 지 다 언 지 위 조

🖊 해설

높은 지위에 있을 때는 그것이 얼마나 위험한 것인지 잘 모릅니다. 그 자리에서 물러나 낮은 데서 보아야 비로소 그 위험성을 알게 됩니다. 어두운 곳에서는 해가 비치는 곳에 있는 것을 잘 볼 수 있습니다. 조용한 생활을 해본 후에야 지나치게 활동하는 것이 부질없음을 깨닫게 되고, 조용히 홀로 남들이 떠드는 것을 지켜본 후에야 그것이 얼마나 시끄러운가를 알게 됩니다. 그러므로 높은 데 있을 때는 몸을 낮추고, 밝은 데 나가서는 행동을 조심하며, 조용히 활동할 때는 고요의 멋을 알아야 합니다. 또한 침묵을 지키고 말을 삼가야 합니다.

🌱 욕심과 집착을 내려놓으면

공명과 부귀에 대한 욕심을 버려야만
평범하고 속된 것에서 벗어날 것이요,
도덕과 인의에 대한 집착에서 벗어나야만
비로소 성인의 경지에 이를 것이다.

放得功名富貴之心下, 便可脫凡; 放得道德仁義之心下, 便可入聖.
방 득 공 명 부 귀 지 심 하   변 가 탈 범   방 득 도 덕 인 의 지 심 하   재 가 입 성

🌱 진실로 해로운 것

이익과 욕심이 다 마음을 해치는 것은 아니다.
자신만이 옳다고 생각하는 독선이야말로 마음을 해치는 도적이다.
애욕이 반드시 도덕 수양을 방해하는 것은 아니다.
스스로 총명하다고 잘난 체하는 것이야말로 도덕 수양의 장애물
이다.

利欲未盡害心, 意見乃害心之蟊賊; 聲色未必障道,
이 욕 미 진 해 심   의 견 내 해 심 지 모 적   성 색 미 필 장 도
聰明乃障道之藩屏.
총 명 내 장 도 지 번 병

🌱 험한 세상을 평탄하게 사는 법

사람의 마음은 변하기 쉽고,
세상살이는 험난하고 고생스럽기만 하다.
일이 순탄치 못할 때는
모름지기 한 걸음 물러나는 이치를 알아야 하고,
일이 거침없이 잘될 때는
반드시 조금씩 양보하는 공덕을 길러야 한다.

人情反復, 世路崎嶇, 行不去處, 須知退一步之法; 行得去處,
인 정 반 복   세 로 기 구   행 불 거 처   수 지 퇴 일 보 지 법   행 득 거 처
務加讓三分之功.
무 가 양 삼 분 지 공

🖋 **해설**

　사람의 마음은 변하기 쉽고, 세상을 살아가는 길은 험하기 그지없습니다. 그런 세상을 평탄하게 살아가는 방법이 있으니 그것은 남에게 얼마간 양보하는 것입니다. 험하고 좁은 길에서는 먼저 지나가도록 양보하고, 가기 쉬운 넓은 길에서는 나란히 걸어갈 만큼의 길을 비켜 주는 것입니다. 또 어려운 일을 당하면 상대방을 먼저 안전한 곳으로 보내고, 이득이 생기면 상대방에게 나눠 주는 것을 잊지 말아야 합니다. 그것이 세상을 살아가는 도리입니다.

🪴 군자를 대할 때, 소인을 대할 때

소인을 대함에 있어 엄하게 하기는 어렵지 않으나
미워하지 않기가 어려우며,
군자를 대함이 있어 공손하기는 어렵지 않으나
예를 바르게 갖추는 것이 어렵다.

待小人, 不難於嚴, 而難於不惡; 待君子, 不難於恭, 而難於有禮.
대 소 인 불 난 어 엄 이 난 어 불 오 대 군 자 불 난 어 공 이 난 어 유 례

해설

　소인은 엄격하게 대하여 그가 인격적 모독이나 침범을 받지 않도록 하
는 동시에 그가 사회적으로 지탄받고 있다는 사실을 깨달을 수 있는 기회
를 주어야 합니다. 또 그의 행동에 대해서도 엄정한 평가를 해야지, 덮어
놓고 죄악시해서는 안 됩니다. 인격과 덕망이 높은 군자를 대할 때는 존
대한다 해서 지나치게 공손하게 굴면 이는 그를 모독하는 동시에 스스로
비굴해져 피차 인격이 손상됩니다. 그러므로 존경도 도덕적인 행동 규범
에 맞게 해야 합니다.

🌱 총명함보다 순박함을 지키라

차라리 순박함을 지키고 총명함을 물리쳐
크고 굳센 기운을 남겨 천지에 돌려주는 것이 나으며,
차라리 부귀영화를 버리고 담박한 삶을 즐겁게 여겨
깨끗한 이름을 천하에 남기는 것이 낫다.

寧守渾噩而黜聰明, 留些正氣還天地; 寧謝紛華而甘澹泊,
영 수 혼 악 이 출 총 명   유 사 정 기 환 천 지   영 사 분 화 이 감 담 박

遺個淸名在乾坤.
유 개 청 명 재 건 곤

🔖 **해설**

  혼악渾噩은 소박하여 꾸밈이 없는 것을 말합니다. 이는 인간 본연의 성
품으로서 정기正氣와 직결됩니다. 반면 총명은 경박하게 잔재주를 부리는
영리함을 말합니다. 사람은 총명을 배제하고 본성을 지켜 정기를 간직하
였다가 죽은 후에 원래의 천지로 돌려보내야 합니다. 그리고 화려하고 사
치스러운 생활은 진심을 해치는 것이니, 이것을 버리고 담박한 생활을 하
여 깨끗한 이름을 세상에 길이 남겨야 합니다.

♔ 자신의 마음부터 다스리라

악귀를 항복시키기 위해서는 먼저 자신의 마음을 항복시켜라.
마음이 가라앉으면 뭇 악귀들이 잠잠히 물러나 순종하게 된다.
횡포함을 제압하기 위해서는 먼저 자신의 횡포한 기질을 제어하라.
횡포한 기질이 평온해지면 외부의 어떤 횡포함도 침범하지 못하
게 된다.

降魔者, 先降自心, 心伏, 則群魔退聽; 馭橫者, 先馭此氣, 氣平,
항 마 자 선 항 자 심 심 복 즉 군 마 퇴 청 어 횡 자 선 어 차 기 기 평
則外橫不侵.
즉 외 횡 불 침

🌱 나쁜 친구를 사귀는 것은
잡초 씨앗을 뿌리는 것과 같다

자녀를 교육할 때는 규중처녀를 기르듯
출입을 엄하게 하고 친구 사귐을 가리도록 한다.
한번 나쁜 사람과 어울리게 되면
이는 기름진 밭에 잡초의 씨를 뿌리는 것과 같다.
잡초만 우거져서는 평생 좋은 벼를 심기 어렵다.

敎弟子, 如養閨女, 最要嚴出入, 謹交遊. 若一接近匪人,
교 제 자 여 양 규 녀 최 요 엄 출 입 근 교 유 약 일 접 근 비 인
是淸淨田中, 下一不淨種子, 便終身難植嘉禾矣.
시 청 정 전 중 하 일 부 정 종 자 변 종 신 난 식 가 화 의

🌱 욕망은 멀리, 도리는 가까이

욕망에 관한 일은 즐기느라 잠시라도 손끝에 물들지 않도록 하라.
한번 물들게 되면 이내 만 길 벼랑 아래로 떨어지게 된다.
도리에 관한 일은 어려움이 있을지라도 결코 뒤로 물러서지 말라.
일단 한 걸음 물러서면 문득 천산의 거리만큼 멀어지게 된다.

欲路上事, 毋樂其便而姑爲染指, 一染指便深入萬仞; 理路上事,
욕 로 상 사 무 락 기 변 이 고 위 염 지 일 염 지 변 심 입 만 인 이 로 상 사
毋憚其難而稍爲退步, 一退步便遠隔千山.
무 탄 기 난 이 초 위 퇴 보 일 퇴 보 변 원 격 천 산

🌱 베푸는 데도 중용이 필요하다

마음이 후한 사람은 자신에게도 후하고 남에게도 역시 후하여
가는 곳마다 모두 너그럽게 대하지만,
인정이 메마른 사람은 자신에게도 박하고 남에게도 또한 박하여
하는 일마다 냉담하다.
그러므로 군자는 일상을 즐기고 좋아함에 있어
너무 너그러워도 후해도 안 되며,
지나치게 메말라도 각박해도 안 되는 것이다.

念頭濃者, 自待厚, 待人亦厚, 處處皆濃; 念頭淡者, 自待薄,
염 두 농 자   자 대 후   대 인 역 후   처 처 개 농   염 두 담 자   자 대 박

待人亦薄, 事事皆淡. 故君子居常嗜好, 不可太濃艶,
대 인 역 박   사 사 개 담   고 군 자 거 상 기 호   불 가 태 농 염

亦不宜太枯寂.
역 불 의 태 고 적

🎧 해설

　후덕한 사람은 하는 일마다 모두 후합니다. 이는 미덕이지만 지나치면
무절제요, 낭비가 됩니다. 또 청렴한 사람은 하는 일마다 깨끗합니다. 이
는 고상한 일이지만 지나치면 각박해집니다. 그러므로 사람은 후하고 청
렴하되 지나치지 말고 중용을 취해야 합니다.

🌱 군자는 얽매이지 않는다

상대가 부를 내세우면 나는 인으로서 대응하고,
상대가 벼슬을 내세우면 나는 의를 내세운다.
그러므로 군자는 본래 군주나 대신들에게 농락당하는 일이 없다.
사람이 힘을 합하면 천명도 이길 수 있고,
뜻을 하나로 모으면 기도 변화시킬 수 있으니,
그러므로 군자는 또한 조물주의 틀에 얽매이지 않는다.

彼富我仁, 彼爵我義, 君子固不爲君相所牢籠; 人定勝天,
피 부 아 인   피 작 아 의   군 자 고 불 위 군 상 소 뢰 롱   인 정 승 천
志一動氣, 君子亦不受造物之陶鑄.
지 일 동 기   군 자 역 불 수 조 물 지 도 주

🔖 해설

  군자는 부귀영화 같은 물욕에서 벗어나 인의도덕으로 세상을 살아갑니다. 상대방이 부로써 대한다면 인덕人德으로 대하고, 지위로써 대한다면 군은 절개와 의리로 대하여 결코 권력의 지배를 받지 않습니다. 사람의 힘이 굳으면 자연의 힘도 이길 수 있고, 뜻이 한결같으면 기질도 변화시킬 수 있습니다. 따라서 군자의 높은 수양의 힘은 조물주의 지배도 받지 않는다고 하며 군자를 높이 찬양하고 있습니다.

🌱 뜻은 한 걸음 높게, 처신은 한 걸음 뒤로

몸을 세움에 있어 남보다 한 걸음 더 높이 세울 수 없다면
이는 먼지 속에서 옷을 털고 흙탕물에 발을 씻는 것과 같으니
어찌 인생을 달관할 수 있겠는가.
세상을 살아감에 있어 남보다 한 걸음 뒤로 물러설 줄 모른다면
이는 불나방이 촛불에 날아들고 무모한 양이 울타리를 들이받는 것과 같으니
어찌 생활의 안락함을 바랄 수 있겠는가.

立身不高一步位, 如塵裡振衣, 泥中濯足, 如何超達;
입 신 불 고 일 보 위　여 진 리 진 의　니 중 탁 족　여 하 초 달
處世不退一步處, 如飛蛾投燈, 羝羊觸藩, 如何安樂.
처 세 불 퇴 일 보 처　여 비 아 투 등　저 양 촉 번　여 하 안 락

해설

　인격적으로 자기를 확립하고자 할 때, 남보다 한 걸음이라도 높은 곳에 서지 않으면 이는 먼지 속에서 옷에 묻은 먼지를 털고, 진흙 속에서 발을 씻는 것처럼 소용없는 일이 됩니다. 세상을 살면서 항상 다른 사람보다 한 걸음 물러서서 사양하고 겸양해야만 하니, 그렇지 않으면 조그만 이해관계를 가지고도 남과 다투고 시비하게 될 것입니다. 그렇게 되면 불나방이 촛불 속에 뛰어드는 것처럼 스스로 멸망의 구렁텅이를 파고, 어린 양이 뿔을 울타리에 들이받는 것처럼 손해만 보고 아무 이로움도 얻지 못하니 인생을 안락하게 살아갈 수 없습니다.

🌱 학문하는 사람의 자세

학문하는 사람은
오로지 정신을 가다듬어 한곳에 집중해야 한다.
만약 덕을 닦으면서 성공이나 명예에 뜻을 둔다면
결코 깊은 경지에는 이르지 못할 것이요,
책을 읽으면서 단순히 읊조리는 맛이나 풍류에만 흥미를 느낀다면
결코 깊은 의미는 깨닫지 못할 것이다.

學者要收拾精神, 併歸一路. 如修德而留意於事功名譽, 必無實詣;
학 자 요 수 습 정 신 병 귀 일 로 여 수 덕 이 유 의 어 사 공 명 예 필 무 실 예
讀書而寄興於吟咏風雅, 定不深心.
독 서 이 기 흥 어 음 영 풍 아 정 불 심 심

🌱 욕심에 사로잡히면 지척도 천리가 된다

사람마다 모두 자비심이 있으니
깨달은 사람과 중생이 두 마음이 아니고,
사람 사는 곳마다 모두 저마다의 참된 맛과 향기가 있으니
고대광실과 초가집이 다른 것이 아니다.
다만 욕심에 덮이고 욕정에 사로잡혀
한번 잘못을 저지르게 되면 지척이 천리가 되고 만다.

人人有個大慈悲, 維摩屠劊無二心也 ; 處處有種眞趣味,
인 인 유 개 대 자 비   유 마 도 회 무 이 심 야   처 처 유 종 진 취 미

金屋茅簷非兩地也. 只是欲蔽情封, 當面錯過, 使咫尺千里矣.
금 옥 모 첨 비 량 지 야   지 시 욕 폐 정 봉   당 면 착 과   사 지 척 천 리 의

🎧 해설

　세상에는 착한 사람과 악한 사람이 있는 것이 사실이지만 그럼에도 사람의 본성에는 자비심이 있습니다. 또 호화 저택에 살든 오두막에 살든 인생의 참맛을 알고 사는 것은 오직 자기의 마음가짐에 달려 있습니다. 다만 욕심과 감정에 사로잡혀 있으면 눈앞이 가로막혀 진실이 보이지 않으므로 손이 닿는 데 있는 것도 천 리나 멀리 떨어져 있는 듯 보일 것입니다.

🌱 흔들리지 않는 마음

덕을 기르고 도를 닦으려면
목석과 같이 흔들리지 않는 마음을 지녀야 한다.
만일 한번 부귀를 부러워하는 마음이 생기게 되면
이내 욕망의 세계로 치닫게 될 것이다.
세상을 구제하고 나라를 경영할 때는
모름지기 떠도는 구름이나 흐르는 물처럼 집착하지 않는 마음을
지녀야 한다.
만일 조금이라도 부귀영화에 연연한다면
이내 위태로운 지경에 떨어지게 될 것이다.

進德修道, 要個木石的念頭, 若一有欣羨, 便趨欲境; 濟世經邦,
진 덕 수 도   요 개 목 석 적 념 두   약 일 유 흔 선   변 추 욕 경   제 세 경 방
要段雲水的趣味, 若一有貪著, 便墮危機.
요 단 운 수 적 취 미   약 일 유 탐 착   변 타 위 기

🌱 사람의 본성은 드러나는 법

착한 사람은 평소 언행이 온유하고 자상할 뿐만 아니라
잠자는 동안의 정신까지도 온화한 기운이 깃들어 있다.
흉악한 사람은 하는 일마다 포악하고 잔인할 뿐만 아니라
목소리와 웃음까지도 살기가 서려 있다.

吉人無論作用安詳, 則夢寐神魂, 無非和氣; 凶人無論行事狼戾,
길 인 무 론 작 용 안 상   즉 몽 매 신 혼   무 비 화 기   흉 인 무 론 행 사 한 려
則聲音笑貌, 渾是殺機.
즉 성 음 소 모   혼 시 살 기

🌱 죄는 아무도 모르게라도 짓지 말아야 한다

간이 병들면 눈이 보이지 않고,
콩팥이 병들면 귀가 들리지 않게 된다.
이와 같이 병은 남들이 볼 수 없는 곳에 생기지만
반드시 남들이 모두 볼 수 있는 곳에 드러난다.
그러므로 군자가 남들이 보는 곳에서 죄를 짓지 않으려면
먼저 아무도 모르는 곳에서부터 죄를 짓지 말아야 한다.

肝受病, 則目不能視; 腎受病, 則耳不能聽; 病受於人所不見,
간 수 병   즉 목 불 능 시   신 수 병   즉 이 불 능 청   병 수 어 인 소 불 견
必發於人所共見. 故君子欲無得罪於昭昭, 先無得罪於冥冥.
필 발 어 인 소 공 견   고 군 자 욕 무 득 죄 어 소 소   선 무 득 죄 어 명 명

일 적은 것보다 큰 복이 없고 마음고생 많은 것보다 큰 화가 없다

일 적은 것보다 큰 복이 없고,

마음고생 많은 것보다 큰 화가 없으니,

일에 시달려 본 사람만이

일 적은 것이 복이라는 것을 알고,

마음이 평온한 사람만이

마음고생 많은 것이 화라는 것을 안다.

福莫福於少事, 禍莫禍於多心. 唯苦事者, 方知少事之爲福;
복 막 복 어 소 사 화 막 화 어 다 심 유 고 사 자 방 지 소 사 지 위 복

唯平心者, 始知多心之爲禍.
유 평 심 자 시 지 다 심 지 위 화

🌱 때에 따라 처신하라

태평한 세상에 살 때는 품행을 바르게 해야 하고,

어지러운 세상에 살 때는 원만해야 하며,

평범한 세상에 살 때는 바른 품행과 원만함을 동시에 갖추어야

한다.

착한 사람을 대할 때는 관대해야 하고,

악한 사람을 대할 때는 엄격해야 하며,

평범한 사람을 대할 때는 관대함과 엄격함을 아울러 지녀야 한다.

處治世宜方, 處亂世宜圓, 處叔季之世, 當方圓竝用; 待善人宜寬,
처 치 세 의 방   처 난 세 의 원   처 숙 계 지 세   당 방 원 병 용   대 선 인 의 관

待惡人宜嚴, 待庸衆之人, 當寬嚴互存.
대 악 인 의 엄   대 용 중 지 인   당 관 엄 호 존

🌱 베푼 은혜는 새기지 말고
받은 은혜는 잊지 말라

내가 다른 사람에게 베푼 은혜는 마음에 새겨 두지 말고,
다른 사람에게 잘못한 것은 새겨 두도록 하라.
다른 사람이 나에게 베푼 은혜는 잊지 말고,
다른 사람에게 원망이 있으면 잊어버리도록 하라.

我有功於人不可念, 而過則不可不念; 人有恩於我不可忘,
아 유 공 어 인 불 가 념   이 과 즉 불 가 불 념   인 유 은 어 아 불 가 망
而怨則不可不忘.
이 원 즉 불 가 불 망

🪴 베풀 때는 보답을 바라지 말라

은혜를 베푸는 사람이
자신이 한 일을 의식하지 않고 남에게도 생색을 내지 않으면,
한 말의 곡식이라도 가히 만 섬의 은혜를 베푼 것이 된다.
그러나 남에게 이로움을 주는 사람이
자기의 베풂을 계산하고 상대방이 갚기를 바란다면,
비록 수천 냥의 큰돈일지라도 한 푼어치의 공덕도 이루기 어렵다.

施恩者, 內不見己, 外不見人, 則斗粟可當萬鍾之惠; 利物者,
시 은 자 내 불 현 기 외 불 현 인 즉 두 속 가 당 만 종 지 혜   이 물 자

計己之施, 責人之報, 雖百鎰難成一文之功.
계 기 지 시 책 인 지 보 수 백 일 난 성 일 문 지 공

🪴 어찌 다 도리에 맞기를 바라겠는가

사람이 처한 환경은
만족스럽게 갖춰진 경우와 그렇지 않은 경우가 있기 마련인데
혼자만 다 갖출 수 있겠는가?
자기의 감정도
이치에 순응하는 경우와 그렇지 않은 경우가 있기 마련인데
남들이 모두 이치에 순응하기만을 바랄 수 있겠는가?
이같이 자신과 남을 견주어 다스려 나간다면
이것도 세상을 살아가는 한 방편이 될 것이다.

人之際遇, 有齊有不齊, 而能使己獨齊乎? 己之情理, 有順有不順,
인 지 제 우 유 제 유 부 제 이 능 사 기 독 제 호   기 지 정 리 유 순 유 불 순
而能使人皆順乎? 以此相觀對治, 亦是一方便法門.
이 능 사 인 개 순 호   이 차 상 관 대 치   역 시 일 방 편 법 문

🌱 마음이 깨끗해야 배운 것을 올바르게 쓴다

마음을 맑고 깨끗이 한 다음 글을 읽어야
옛 성현의 훌륭한 언행을 배울 수 있다.
마음이 깨끗하지 않으면
훌륭한 행동을 보아도 훔쳐다가 자신의 사욕을 채울 줄만 알고,
좋은 말씀을 들어도 그것을 빌어다가 자신의 결점을 감싸는 데 쓸
줄만 아니,
이는 곧 침략자에게 무기를 빌려 주고,
도둑에게 양식을 갖다주는 일이 아니겠는가.

心地乾淨, 方可讀書學古. 不然, 見一善行, 竊以濟私, 聞一善言,
심 지 건 정 방 가 독 서 학 고 불 연 견 일 선 행 절 이 제 사 문 일 선 언
假以覆短, 是又藉寇兵而齎盜糧矣.
가 이 부 단 시 우 자 구 병 이 재 도 량 의

🎧 해설

　마음이 맑은 사람은 글을 바르게 읽어 옛날의 도리를 알게 되고, 마음
이 깨끗하지 못한 사람은 배운 것을 악용하여 옳지 않은 행동을 조장합니
다. 착한 사람이 학문에 종사하면 그 배운 것으로 사회에 기여하지만, 나
쁜 사람이 학문을 하면 도리어 사회에 해악을 끼치게 됩니다.

🌱 부유하면서 불만족하기보다
가난하면서 여유 있는 것이 낫다

사치스러운 사람은 부유하면서도 만족을 느끼지 못하니,
어찌 검소한 사람이 가난하면서도 여유가 있는 것과 같겠는가.
재능 있는 사람은 수고를 하면서도 남의 원망을 사니,
어찌 서툰 사람이 한가로이 살면서 천성을 지키는 것과 같겠는가.

奢者富而不足, 何如儉者貧而有餘; 能者勞而府怨,
사 자 부 이 부 족 하 여 검 자 빈 이 유 여   능 자 로 이 부 원

何如拙者逸而全眞.
하 여 졸 자 일 이 전 진

🌱 앎이 실천으로 이어지지 않으면

책을 읽으면서도 그 속의 성현을 보지 못한다면
그는 글자나 베껴 쓰는 필생에 지나지 않고,
벼슬자리에 있으면서도 백성을 자식처럼 돌보지 못한다면
의관을 갖춘 도둑에 지나지 않는다.
학문을 가르치면서도 몸소 실천할 의지가 없다면
공염불이 될 것이고,
공적을 세우고도 덕을 심을 줄 모른다면
눈앞에 잠시 피었다 지는 꽃에 불과한 것이다.

讀書不見聖賢, 爲鉛槧傭; 居官不愛子民, 爲衣冠盜;
독 서 불 견 성 현   위 연 참 용   거 관 불 애 자 민   위 의 관 도
講學不尙躬行, 爲口頭禪; 立業不思種德, 爲眼前花.
강 학 불 상 궁 행   위 구 두 선   입 업 불 사 종 덕   위 안 전 화

🌵 자기 안에서 찾으라

사람의 마음속에는 하나의 참된 문장이 있는데도
옛사람들이 남겨 놓은 몇 마디 기록 때문에 모두 묻혀 있게 된다.
사람의 마음속에는 한 가닥의 참된 풍류가 있지만
요염한 노래와 춤 때문에 모두 막혀 있게 된다.
그러므로 학문하는 사람은 모름지기 외부의 사물을 쓸어 없애고
본래 있는 그 마음을 찾아야만 참다운 보람을 얻게 될 것이다.

人心有一部眞文章, 都被殘編斷簡封錮了; 有一部眞鼓吹,
인 심 유 일 부 진 문 장   도 피 잔 편 단 간 봉 고 료   유 일 부 진 고 취

都被妖歌艶舞湮沒了. 學者須掃除外物, 直覓本來, 纔有個眞受用.
도 피 요 가 염 무 인 몰 료   학 자 수 소 제 외 물   직 멱 본 래   재 유 개 진 수 용

🔖 해설

　사람의 마음은 진선미眞善美가 담겨 있고 모든 가능성을 볼 수 있는 터
전입니다. 참된 예술은 인위적으로 꾸미고 가다듬어 놓은 노래나 춤 속에
있지 않으며, 옛사람이 남겨 놓은 몇몇 책이나 기록만이 참다운 진리를
담고 있는 것이 아닙니다. 그러므로 자기 마음속에서 진실하고 참다운 진
리를 체득하고 마음속에서 자연히 우러나는 노래와 춤을 배워야 합니다.
남의 글이나 노래를 앵무새처럼 흉내 내기보다는 마음속에서 샘솟고 피
어나는 참다운 진리와 예술을 직관하여 체험적으로 탐구해야 합니다.

🌵 괴로움 운데 기쁨이 있고 득의양양할 때 슬픔이 생겨나니

괴롭고 힘들 때에
오히려 마음을 기쁘게 하는 뜻을 얻고,
일을 이룬 때에
문득 실의의 슬픔이 생겨난다.

苦心中, 常得悅心之趣; 得意時, 便生失意之悲.
고 심 중   상 득 열 심 지 취   득 의 시   변 생 실 의 지 비

해설

　괴로움 속에서도 기쁨을 느낄 수 있고 성공하여 신이 날 때도 슬픔을 맛볼 수 있는 것이 인생입니다. 행복과 슬픔은 모두 마음먹기에 달려 있으므로 어려움 속에서도 희망과 용기를 잃지 말고, 성공했을 때도 뜻하지 않은 실패에 대비하는 마음의 준비가 있어야 합니다.

🌱 권력으로 얻은 부귀영화는 오래가지 못한다

부귀와 명예가 도덕으로부터 온 것이면
마치 숲속의 꽃과 같이 스스로 무럭무럭 잘 자라고,
공로를 이룬 것으로부터 온 것이면
화분 속에서 자란 꽃이 이리저리 옮겨지는 것처럼 흥망이 있게
된다.
만일 그것이 권력으로부터 얻어진 것이라면
꽃병 속의 꽃과 같아서 뿌리가 없으므로,
그 시들어 가는 모습을 선 자리에서 기다리며 지켜볼 수 있을 것
이다.

富貴名譽, 自道德來者, 如山林中花, 自是舒徐繁衍; 自功業來者,
부귀명예 자도덕래자 여산림중화 자시서서번연 자공업래자

如盆檻中花, 便有遷徙廢興; 若以權力得者, 如甁鉢中花,
여분함중화 변유천사폐흥 약이권력득자 여병발중화

其根不植, 其萎可立而待矣.
기근불식 기위가립이대의

🌱 좋은 말, 좋은 일에 힘쓰라

봄이 되어 날이 화창하면
꽃들도 한 결 빛을 땅에 깔고
새들도 또한 아름답게 지저귄다.
선비가 다행히 세상에 두각을 나타내어 편안하게 지내면서도
좋은 말과 좋은 일 하기에 힘쓰지 않는다면
비록 이 세상에서 백년을 산다 해도
하루도 살지 않음과 같다.

春至時和, 花尙鋪一段好色, 鳥且囀幾句好音. 士君子幸列頭角,
춘 지 시 화 화 상 포 일 단 호 색 조 차 전 기 구 호 음 사 군 자 행 렬 두 각
復遇溫飽, 不思立好言行好事, 雖是在世百年, 恰似未生一日.
부 우 온 포 불 사 립 호 언 행 호 사 수 시 재 세 백 년 흡 사 미 생 일 일

🌱 지나치게 결백하기만 하면 무엇으로 만물을 자라게 하겠는가

학문을 하는 사람은
조심스럽게 행동하고 삼가는 마음을 가지는 한편
시원스러운 멋도 지녀야 한다.
만일 외곬으로 졸라매어 지나치게 결백하기만 하다면,
이는 쌀쌀한 가을의 살벌한 기운만 있고
따스한 봄의 생기가 없음과 같으니
무엇으로 만물을 자라게 할 수 있겠는가?

學者要有段兢業的心思, 又要有段瀟灑的趣味. 若一味斂束淸苦,
학 자 요 유 단 긍 업 적 심 사 우 요 유 단 소 쇄 적 취 미   약 일 미 렴 속 청 고
是有秋殺無春生, 何以發育萬物.
시 유 추 살 무 춘 생   하 이 발 육 만 물

♣ 진정한 청렴, 참다운 재주

참다운 청렴은 청렴이라는 이름조차 없으니
청렴하다는 이름을 드러내는 것은 바로 탐욕이 있기 때문이다.
참으로 뛰어난 재주에는 교묘한 술책이 없으니
교묘한 술책을 부리는 사람은 곧 그 재주가 서툴기 때문이다.

眞廉無廉名, 立名者正所以爲貪; 大巧無巧術,
진 렴 무 렴 명 입 명 자 정 소 이 위 탐   대 교 무 교 술

用術者乃所以爲拙.
용 술 자 내 소 이 위 졸

🌱 부족할지언정 완전함을 구하지 않는다

기울어진 그릇은 가득 차면 엎질러지고
저금통은 비어 있어야 온전할 수 있다.
그러므로 군자는 차라리 빈 상태에 있을지언정
욕망이 가득 찬 세계에 몸을 두지 않으며,
차라리 부족할지언정 완전무결함을 구하지 않는다.

敧器以滿覆, 撲滿以空全. 故君子寧居無不居有, 寧處缺不處完.
기 기 이 만 복 박 만 이 공 전 고 군 자 영 거 무 불 거 유 영 처 결 불 처 완

🖊️ 해설

　기기敧器는 물을 가득 담으면 엎어지고, 반쯤 담으면 바로 서 있고, 물이 없으면 기울어진다고 전해지는 그릇입니다. 이러한 성질 때문에 옛날 현명한 군주들은 매사에 모자라거나 넘침이 없이 중용을 지키기 위해 항상 옆에 두고 경계로 삼았다고 합니다. 박만撲滿은 오늘날의 저금통과 같이 잔돈을 담아 두는 일종의 질그릇입니다. 동전을 한번 넣으면 다시 꺼낼 수 없게 되어 있어 깨뜨려야만 넣은 동전을 꺼낼 수 있었습니다. 동전이 가득 차게 되면 곧 깨뜨려지게 되니, 이 용기는 비어 있을 때만 온전하게 보존될 수 있었습니다.

🌷 온전히 없애라

명리를 탐하는 마음을 완전히 뿌리 뽑지 못한 사람은
제후의 부귀를 가벼이 알고 한 표주박의 음식을 달가워하더라도
사실은 세속의 욕망에 떨어진 것이요,
객기를 아직 없애지 못한 사람은
천하에 은덕을 베풀고 만세에 이익을 끼칠지라도
결국 쓸모없는 재주에 그칠 뿐이다.

名根未拔者, 縱輕千乘甘一瓢, 總墮塵情; 客氣未融者,
명 근 미 발 자   종 경 천 승 감 일 표   총 타 진 정   객 기 미 융 자

雖澤四海利萬世, 終爲剩技.
수 택 사 해 리 만 세   종 위 잉 기

🪴 마음 바탕이 밝으면
어둠 속에서도 빛을 본다

마음의 본바탕이 밝으면
어두운 방 안에서도 푸른 하늘이 있는 것 같고,
마음속 생각이 어두우면
밝은 대낮에도 도깨비가 나타날 것이다.

心體光明, 暗室中有靑天; 念頭暗昧, 白日下生魘鬼.
심 체 광 명   암 실 중 유 청 천   염 두 암 매   백 일 하 생 려 귀

해설

　　마음의 바탕이 광명정대하면 어두운 밤처럼 혼란한 세상에 살더라도 그 공정함이 푸른 하늘같이 흐리지 않으며, 마음속이 어두우면 비록 대명천지 밝은 날에도 낮도깨비가 나타나듯이 온갖 망상과 사념이 끊이지 않습니다. 그러므로 마음을 항상 광명정대하게 가져 아무 사심도 깃들지 못하게 해야 합니다.

🌵 참된 즐거움은 따로 있다

사람들은 명성과 지위가 즐거운 것인 줄은 알지만,

명성도 없고 지위도 없는 것이 참된 즐거움인 줄은 알지 못한다.

사람들은 굶주리고 추위에 떠는 것이 근심인 줄은 알면서도,

굶주리지 않고 춥지도 않은 것이 더욱 큰 근심인 줄은 깨닫지 못한다.

人知名位爲樂, 不知無名無位之樂爲最眞; 人知饑寒爲憂,
인 지 명 위 위 락   부 지 무 명 무 위 지 락 위 최 진   인 지 기 한 위 우

不知不饑不寒之憂爲更甚.
부 지 불 기 불 한 지 우 위 경 심

🔖 해설

　사람들은 명예와 지위를 추구하며 이를 얻는 것을 큰 즐거움으로 여깁니다. 그러나 '벼슬길의 풍파宦海風波'라는 말이 있듯이 명예와 지위의 이면에는 무한한 고난이 따르고, 아침에 저녁의 재앙을 예측할 수 없습니다. 명예나 지위 등에 관심이 없는 사람은 늘 마음이 편하며, 자연을 즐기면서 유유자적할 수 있으니 참 즐거움은 그 속에 있습니다. 또한 사람의 욕심은 끝이 없으니 돈이 많은 사람은 더 많은 돈을 벌기 위해 골몰하므로, 그 근심이 굶주리고 헐벗은 자에 비할 수 없습니다.

🌱 선 안에 악이, 악 속에 선이 있다

악을 행하면서도 남들이 알까 두려워하는 것은
그 악함 속에도 선한 마음이 남아 있음이요,
선을 행하면서 남들이 빨리 알아주기를 바라는 것은
그 선함 속에도 곧 악의 뿌리가 있는 것이다.

爲惡而畏人知, 惡中猶有善路; 爲善而急人知, 善處卽是惡根
위 악 이 외 인 지 악 중 유 유 선 로 위 선 이 급 인 지 선 처 즉 시 악 근

🌱 하늘도 군자는 마음대로 못한다

천지 기운의 변화는 헤아릴 수 없다.
억눌러 곤궁하게 했다가도 펼쳐서 영달하게 하기도 하고,
영달하게 했다가도 억눌러 곤궁하게 하니,
이는 모두 영웅호걸을 손에 넣고 마음대로 주무르는 것이다.
그러나 군자는 역경에 처해 있어도 그것을 순리로 받아들이고
편안한 곳에 있어도 위태로움을 생각하니,
이러한 까닭에 하늘도 군자를 마음대로 못 하는 것이다.

天地機緘不測. 抑而伸, 伸而抑, 皆是播弄英雄, 顚倒豪傑處.
천 지 기 함 불 측 억 이 신 신 이 억 개 시 파 롱 영 웅 전 도 호 걸 처
君子只是逆來順受, 居安思危, 天亦無所用其伎倆矣.
군 자 지 시 역 래 순 수 거 안 사 위 천 역 무 소 용 기 기 량 의

큰 공적을 이루지 못할 사람

성질이 조급한 사람은
타오르는 불길 같아서 만나는 대로 태워 버리고,
인정이 메마른 사람은
얼음장같이 매몰차서 닥치는 대로 얼려서 해치며,
융통성이 없고 고집이 센 사람은
고여 있는 물이나 썩은 나무와 같아 생기가 없으니,
이러한 사람들은 모두 큰 공적을 이루기도,
오래도록 복을 누리기도 어렵다.

燥性者火熾, 遇物則焚; 寡恩者氷淸, 逢物必殺; 凝滯固執者,
조 성 자 화 치 우 물 즉 분 과 은 자 빙 청 봉 물 필 살 응 체 고 집 자
如死水腐木, 生機已絶. 俱難建功業而延福祉.
여 사 수 부 목 생 기 이 절 구 난 건 공 업 이 연 복 지

🌱 즐거운 마음을 길러 복을 부르고
남을 해치려는 마음을 버려 재앙을 멀리하라

복은 구한다고 마음대로 받을 수 없는 것이니

즐거운 마음을 길러

복을 불러들이는 근본으로 삼아야 하고,

재앙은 마음대로 피하지 못하는 법이니

남을 해치려는 마음을 버려

재앙을 멀리하는 방법으로 삼아야 한다.

福不可徼, 養喜神, 以爲召福之本而已; 禍不可避, 去殺機,
복 불 가 요   양 희 신   이 위 소 복 지 본 이 이   화 불 가 피   거 살 기

以爲遠禍之方而已.
이 위 원 화 지 방 이 이

🪴 아홉 번 잘한 것보다 한 번 실수를 기억한다

열 마디의 말 가운데 아홉 마디가 맞더라도
경이롭다고 칭찬해 주지는 않으나
한마디 말이 어긋나면
곧바로 온갖 비방과 책망이 한꺼번에 몰려든다.
열 가지 계책 중에 아홉 개가 성공하더라도
반드시 공로를 인정해 주지는 않으나
한 가지 계책이 성공하지 못하면
곧바로 온갖 헐뜯음과 비난이 떼 지어 일어난다.
그러므로 군자는 차라리 침묵할지언정 시끄럽게 떠들어 대지 않고,
차라리 우둔할지언정 자신의 재주를 보이지 않는다.

十語九中, 未必稱奇, 一語不中, 則愆尤駢集; 十謀九成, 未必歸功,
십 어 구 중   미 필 칭 기   일 어 부 중   즉 건 우 병 집   십 모 구 성   미 필 귀 공
一謀不成, 則訾議叢興. 君子所以寧默毋躁, 寧拙毋巧.
일 모 불 성   즉 자 의 총 흥   군 자 소 이 영 묵 무 조   영 졸 무 교

🪴 마음이 따뜻해야 복이 두터우니

천지의 기운이 운행함에,

따뜻한 절기는 만물을 소생하게 하고,

차가운 절기는 만물의 생기를 앗아가 버린다.

사람도 이와 같은 까닭에,

냉정한 성품과 차디찬 기질을 지닌 사람은

그에 따라 누리는 복도 박하고,

온화한 기운과 따뜻한 마음을 지닌 사람은

그에 따라 복도 두텁고 오래간다.

天地之氣, 暖則生, 寒則殺. 故性氣淸冷者, 受享亦凉薄.
천 지 지 기 난 즉 생 한 즉 살 고 성 기 청 랭 자 수 향 역 량 박
唯和氣熱心之人, 其福亦厚, 其澤亦長.
유 화 기 열 심 지 인 기 복 역 후 기 택 역 장

🌱 욕망을 좇는 길은 좁은 가시밭길

하늘의 도리에 이르는 길은 매우 넓어서
조금이라도 여기에 마음을 두면
가슴속이 탁 트이고 상쾌함을 느끼게 된다.
사람의 욕망을 좇는 길은 매우 좁아서
조금이라도 여기에 발을 붙이면
눈앞이 모두 가시밭과 진흙탕으로 뒤덮이게 된다.

天理路上甚寬, 稍游心, 胸中便覺廣大宏朗; 人欲路上甚窄,
천 리 로 상 심 관 초 유 심 흉 중 변 각 광 대 굉 랑 인 욕 로 상 심 착
纔寄迹, 眼前俱是荊棘泥塗.
재 기 적 안 전 구 시 형 극 니 도

🌱 고락을 두루 겪은 뒤에 얻은 행복이 진짜

괴로움과 즐거움을 고루 겪은 뒤에
얻은 행복이라야 오래가고,
의문과 믿음을 고루 겪은 뒤에
얻은 지식이라야 비로소 참된 지식이 된다.

一苦一樂相磨練, 練極而成福者, 其福始久; 一疑一信相參勘,
일 고 일 락 상 마 련 연 극 이 성 복 자 기 복 시 구 일 의 일 신 상 참 감
勘極而成知者, 其知始眞.
감 극 이 성 지 자 기 지 시 진

🪴 비워야 할 마음과 채워야 할 마음이 있다

마음은 항상 비어 있지 않으면 안 되니
마음이 비어 있으면 정의와 진리가 들어와서 살 것이요,
마음은 차지 않으면 안 되니
마음이 차 있으면 물욕이 들어오지 못할 것이다.

心不可不虛, 虛則義理來居; 心不可不實, 實則物欲不入.
심 불 가 불 허   허 즉 의 리 래 거   심 불 가 불 실   실 즉 물 욕 불 입

해설

이 구절에서의 허虛는 마음이 외부의 유혹 등에서 자유로움을 가리키고, 실實은 자기 자신의 노력으로 인생을 헤쳐 나가는 힘을 최고로 발휘하는 상태를 말합니다. '마음을 비우라'와 '마음을 채우라'는 모순된 주문 같지만 편견과 독선 따위는 비우되, 사회에 대한 정의감, 진리에 대한 탐구 등은 언제나 마음에 새기고 정진하라는 뜻입니다.

♨ 물이 너무 맑으면 물고기가 살 수 없다

더러운 땅에서는 초목이 무성하지만
지나치게 맑은 물에서는 고기가 살 수 없다.
그러므로 군자는 마땅히 때 묻고 더러운 것도
받아들이는 아량을 가져야 하고
깨끗한 것을 좋아하되
독단적으로 행하려는 마음을 가져서는 안 된다.

地之穢者多生物, 水之淸者常無魚. 故君子當存含垢納汚之量,
지 지 예 자 다 생 물   수 지 청 자 상 무 어   고 군 자 당 존 함 구 납 오 지 량
不可持好潔獨行之操.
불 가 지 호 결 독 행 지 조

해설

  더러운 거름은 땅 위에서 초목을 무성하게 자라게 하지만, 너무 맑은
물에서는 고기가 살지 못합니다. 그러므로 군자는 때 묻고 더러운 것을
받아들이는 도량을 가져야 하며, 너무 결백하여 세속 밖으로 초월하는 절
조를 가져서는 안 됩니다.

🌱 걱정이 없으면 발전도 없다

수레를 뒤엎는 사나운 말도 길들이면 부릴 수 있고
다루기 힘든 쇠도 잘 다루면
마침내 좋은 기물을 만들 수 있으니
사람이 태평하고 한가롭게 놀기만 하면서 분발하지 않으면
평생을 두고 아무런 나아감이 없다.
백사가 이르기를
"사람으로 태어나 병病 많음이 부끄러운 것이 아니라
일생 동안 마음의 걱정 없음이 근심이다."라고 하였으니
참으로 올바른 말이다.

泛駕之馬可就驅馳, 躍冶之金終歸型範. 只一優游不振,
봉 가 지 마 가 취 구 치   약 야 지 금 종 귀 형 범   지 일 우 유 부 진
便終身無個進步. 白沙云: "爲人多病未足羞, 一生無病是吾憂."
변 종 신 무 개 진 보   백 사 운   위 인 다 병 미 족 수   일 생 무 병 시 오 우
眞確論也.
진 확 론 야

🌱 작은 탐욕이 평생의 공을 무너뜨리니

사람이 한번 사리사욕을 채우려는 마음을 품게 되면
의연한 기상은 녹아 나약해지고, 슬기로움은 막혀 어리석게 되며,
너그러운 마음은 혹독해지고, 깨끗함은 물들어 더러워지니,
평생의 인품을 허물어뜨리는 것이다.
그러므로 옛사람들은 탐욕을 멀리함을 보배로 삼았으니
이것이 바로 세상을 초월하는 방도인 것이다.

人只一念貪私, 便銷剛爲柔, 塞智爲昏, 變恩爲慘, 染潔爲汚,
인 지 일 념 탐 사　변 소 강 위 유　색 지 위 혼　변 은 위 참　염 결 위 오
壞了一生人品. 故古人以不貪爲寶, 所以度越一世.
괴 료 일 생 인 품　고 고 인 이 불 탐 위 보　소 이 도 월 일 세

🌱 본마음이 맑으면 미혹되지 않는다

귀로 듣고 눈으로 보아서 생기는 욕망은
밖에서 침입해 온 적이요,
마음에 도사리고 있는 욕망과 의식들은
내부에서 생겨난 적이다.
그러나 주인인 본마음이 맑게 깨어 있어
다른 사물에 미혹되지 않고
중심에 확고히 자리 잡고 있으면
마음 안팎의 적들이 모두 감화되어 한 가족이 된다.

耳目見聞爲外賊, 情欲意識爲內賊. 只是主人翁惺惺不昧,
이 목 견 문 위 외 적   정 욕 의 식 위 내 적   지 시 주 인 옹 성 성 불 매

獨坐中堂, 賊便化爲家人矣.
독 좌 중 당   적 변 화 위 가 인 의

🌱 지나간 허물을 뉘우치기보다
앞으로의 잘못을 없게 하라

아직 이루지 못한 공을 도모하는 것은
이미 이루어 놓은 일을 지키는 것만 같지 못하고,
지나간 허물을 후회하는 것은
앞으로 다가올 잘못을 예방하는 것만 못하다.

圖未就之功, 不如保已成之業; 悔已往之失, 不如防將來之非.
도 미 취 지 공 불 여 보 이 성 지 업 회 이 왕 지 실 불 여 방 장 래 지 비

🌱 치밀하되 조잡하지 않게,
담박하되 메마르지 않게

사람의 기상은 높고 넓어야 하나
세상과 너무 동떨어져 어둡고 거칠어서는 안 되고,
마음은 치밀해야 하나 조잡해서는 안 되며,
취미는 담박해야 하나 너무 메말라서는 안 되고,
지조를 지킬 때는 엄정해야 하나 과격해서는 안 된다.

氣象要高曠, 而不可疎狂; 心思要縝密, 而不可瑣屑; 趣味要縝淡,
기 상 요 고 광 이 불 가 소 광 심 사 요 진 밀 이 불 가 쇄 설 취 미 요 진 담
而不可偏枯; 操守要嚴明, 而不可激烈.
이 불 가 편 고 조 수 요 엄 명 이 불 가 격 렬

🪴 바람이 지나가도
대숲이 소리를 남기지 않는 것처럼

바람이 성긴 대숲에 불어왔다가 지나간 뒤에
대나무는 소리를 남겨 두지 않고,
기러기가 차가운 연못 위로 날아 지나간 뒤에
연못은 그림자를 남겨 두지 않는다.
그러므로 군자는 일이 생기면 마음이 비로소 드러나 움직이고,
일을 맺고 나면 마음도 따라서 비운다.

風來疎竹, 風過而竹不留聲; 雁度寒潭, 雁去而潭不留影.
풍 래 소 죽 풍 과 이 죽 불 류 성 안 도 한 담 안 거 이 담 불 류 영
故君子事來而心始現, 事去而心隨空.
고 군 자 사 래 이 심 시 현 사 거 이 심 수 공

🪴 꿀을 발라도 달지 않은 것처럼

청렴하면서도 포용력이 있고,
어질면서도 결단력이 있으며,
총명하면서도 남의 과오를 지나치게 들추어 내지 않고,
곧으면서도 너무 바른 데 치우치지 않는다면,
이는 마치 꿀 바른 음식이 달지 않고
해산물이면서도 짜지 않은 것이니
그야말로 아름다운 덕인 것이다.

清能有容, 仁能善斷; 明不傷察, 直不過矯. 是謂蜜餞不甛,
청 능 유 용 인 능 선 단 명 불 상 찰 직 불 과 교 시 위 밀 전 불 첨
海味不鹹, 纔是懿德.
해 미 불 함 재 시 의 덕

🪴 한때의 어려움에도 스스로를 놓지 말라

가난한 집안도 청결하게 쓸고,
가난한 집 여인도 단정하게 머리를 빗으면
모습이 비록 화려하지는 않더라도
기품과 멋이 저절로 배어날 것이다.
그러므로 선비가 한때 곤궁함과 적막함을 당했다고 해서
어찌 스스로를 버리며 게을리하겠는가.

貧家淨拂地, 貧女淨梳頭, 景色雖不艶麗, 氣度自是風雅.
빈 가 정 불 지   빈 녀 정 소 두   경 색 수 불 염 려   기 도 자 시 풍 아

士君子一當窮愁寥落, 奈何輒自廢弛裁.
사 군 자 일 당 궁 수 요 락   내 하 첩 자 폐 이 재

🪴 한가할 때 시간을 허투루 쓰지 말고 고요할 때 마음을 허공에 두지 말라

한가한 중에도 시간을 헛되이 보내지 않으면
바쁠 때 도움이 되고,
고요한 중에도 마음을 허공에 두지 않으면
활동할 때 도움이 되며,
어둠 속에서도 숨기지 않으면
밝은 곳에서 쓸모가 있게 된다.

閑中不放過, 忙處有受用; 靜中不落空, 動處有受用; 暗中不欺隱,
한 중 불 방 과 망 처 유 수 용 정 중 불 락 공 동 처 유 수 용 암 중 불 기 은
明處有受用.
명 처 유 수 용

🔖 해설

　사람은 평소에 앞날을 준비하고 있어야 합니다. 한가한 때 미리 준비해
두면 급한 일을 당해도 당황하지 않고, 조용할 때 부지런히 실력을 길러
두면 활동할 때 도움이 됩니다. 또 남이 보지 않을 때도 바르게 살면 남들
에게 신임을 얻게 됩니다.

🪴 깨달음은 곧바로 행동으로

문득 생각이 사욕私慾의 길로 향한다고 깨닫게 될 때는
즉시 도리의 길을 좇아가도록 결심해야 한다.
어떤 생각이 일어나는 것을 깨닫고
일단 깨달으면 즉시 되돌려야 한다.
이것이 곧 재앙을 돌려서 복으로 삼고,
죽을 사람을 일으켜 삶으로 돌아오게 하는 관건이니,
진실로 가벼이 지나쳐서는 안 된다.

念頭起處, 纔覺向欲路上去, 便挽從理路上來. 一起便覺,
염 두 기 처   재 각 향 욕 로 상 거   변 만 종 이 로 상 래   일 기 변 각
一覺便轉, 此是轉禍爲福, 起死回生的關頭, 切莫輕易放過.
일 각 변 전   차 시 전 화 위 복   기 사 회 생 적 관 두   절 막 경 이 방 과

♟ 마음을 살피고 도를 깨닫는 세 가지

고요할 때 생각이 맑고 깨끗하면 마음의 참모습을 보게 되고,
한가할 때 기상이 차분하면 마음의 참된 기틀을 알게 되며,
담담할 때 정취가 담박하고 평온하면 마음의 참맛을 얻게 된다.
마음을 살피고 도를 깨닫는 데 있어 이 세 가지보다 나은 것은 없다.

靜中念慮澄徹, 見心之眞體; 閑中氣象從容, 識心之眞機;
정 중 념 려 징 철　견 심 지 진 체　한 중 기 상 종 용　식 심 지 진 기
淡中意趣冲夷, 得心之眞味. 觀心證道, 無如此三者.
담 중 의 취 충 이　득 심 지 진 미　관 심 증 도　무 여 차 삼 자

♟ 괴로움에서 즐거움을 얻을 수 있다면

고요함 속의 고요함은 참다운 고요함이 아니니,
분주함 속에서 고요함을 얻을 수 있어야만
비로소 마음의 참된 경지에 이르게 될 것이다.
즐거움 속에서의 즐거움은 참된 즐거움이 아니니,
괴로움 속에서 즐거움을 얻을 수 있어야만
비로소 마음의 참된 기틀을 볼 수 있는 것이다.

靜中靜非眞靜, 動處靜得來, 纔是性天之眞境; 樂處樂非眞樂,
정 중 정 비 진 정　동 처 정 득 래　재 시 성 천 지 진 경　낙 처 락 비 진 락
苦中樂得來, 纔見心體之眞機.
고 중 낙 득 래　재 견 심 체 지 진 기

🪴 몸을 던졌으면 의심하지 말라

제 몸을 버리고 뜻있는 일을 했을 때는 그 일에 의심을 품지 말라.
의심을 품는다면
자신을 버리고 나섰던 처음의 뜻에 부끄러움이 많아진다.
남에게 베푼 바에는 보답을 바라지 말라.
보답을 바란다면
베푼 그 마음도 아울러 모두 잘못된 것이 된다.

舍己毋處其疑, 處其疑, 卽所舍之志多愧矣; 施人毋責其報,
사 기 무 처 기 의   처 기 의   즉 소 사 지 지 다 괴 의   시 인 무 책 기 보

責其報, 倂所施之心俱非矣.
책 기 보   병 소 시 지 심 구 비 의

☙ 운명은 스스로 만들어 가는 것

하늘이 나에게 복을 박하게 준다면
나는 내 덕을 후하게 해서 이를 맞이할 것이고,
하늘이 내 몸을 수고롭게 한다면
나는 내 마음을 편안히 하여 이를 보충할 것이며,
하늘이 내 처지를 곤궁하게 한다면
나는 내 도를 깨쳐 이를 형통하게 할 것이다.
그러니 하늘인들 나를 어찌하겠는가!

天薄我以福, 吾厚吾德以迓之; 天勞我以形, 吾逸吾心以補之;
천 박 아 이 복   오 후 오 덕 이 아 지   천 노 아 이 형   오 일 오 심 이 보 지
天阨我以遇, 吾亨吾道以通之. 天且奈我何哉.
천 액 아 이 우   오 형 오 도 이 통 지 천 차 내 아 하 재

🪴 사람은 하늘 아래 있다

지조가 굳은 선비는 복을 구하는 마음이 없으므로
하늘이 오히려 그 마음을 찾아가 복의 문을 열어 주고,
간사한 사람은 재앙을 피하려고 애쓰나
하늘이 오히려 그 피하려는 마음에 재앙을 내려 넋을 빼앗는다.
하늘의 권능이 이처럼 신묘한데
사람의 지혜와 잔꾀가 무슨 소용이 있겠는가!

貞士無心徼福, 天卽就無心處牖其衷; 憸人著意避禍,
정 사 무 심 요 복   천 즉 취 무 심 처 유 기 충   섬 인 착 의 피 화

天卽就著意中奪其魄. 可見天之機權最神, 人之智巧何益.
천 즉 취 착 의 중 탈 기 백   가 견 천 지 기 권 최 신   인 지 지 교 하 익

🌵 사람을 보려거든 생의 후반을 보라

기녀일지라도 늘그막에 한 남편을 섬긴다면
한평생의 분 냄새가 허물이 되지 않을 것이요,
정숙한 부인일지라도 머리가 하얗게 센 뒤에 정조를 잃는다면
반평생의 절개가 모두 헛된 일이 될 것이다.
옛말에 이르기를
"사람을 보려거든 생의 그 후반을 보라."고 했는데
이는 진실로 명언이다.

聲妓晩景從良, 一世之胭花無碍; 貞婦白頭失守,
성 기 만 경 종 량   일 세 지 연 화 무 애   정 부 백 두 실 수
半生之淸苦俱非. 語云: "看人只看後半截." 眞名言也.
반 생 지 청 고 구 비   어 운   간 인 지 간 후 반 절   진 명 언 야

🪴 정승과 거지가 따로 있으랴

평민이라도 즐거운 마음으로 덕을 쌓고 은혜를 베풀면
곧 벼슬 없는 정승이요,
사대부라도 공연히 권세를 탐내고 총애를 구한다면
끝내 벼슬하는 거지가 될 뿐이다.

平民肯種德施惠, 便是無位的公相; 士夫徒貪權市寵,
평 민 긍 종 덕 시 혜   변 시 무 위 적 공 상   사 부 도 탐 권 시 총
竟成有爵的乞人.
경 성 유 작 적 걸 인

🌱 조상에게 받은 은덕, 자손에게 내려줄 복

무엇이 조상이 남긴 은덕인가?
내가 세상을 살며 누리는 모든 것이 다 그것이니,
은덕 쌓는 일의 어려움을 생각해야 한다.
무엇이 자손이 받을 복인가?
내가 세상을 살며 남기는 모든 것이 다 그것이니,
복 뒤엎는 일의 쉬움을 생각해야 한다.

問祖宗之德澤, 吾身所享者是, 當念其積累之難; 問子孫之福祉,
문 조 종 지 덕 택   오 신 소 향 자 시   당 념 기 적 루 지 난   문 자 손 지 복 지

吾身所貽者是, 要思其傾覆之易.
오 신 소 이 자 시   요 사 기 경 복 지 이

해설

  우리가 지금 행복하게 살아가는 것은 조상의 은덕 덕분입니다. 수천 년
간 역사와 전통을 쌓고, 문화와 풍습을 지키고 발전시킨 조상들의 노고에
감사해야 합니다. 그리고 후손들의 행복 또한 우리로부터 비롯되는 것입
니다. 우리가 그 터전을 튼튼히 마련해 주지 않는다면 그들의 행복은 기
울어져 엎어지기 쉽겠지요.

🪴 군자의 작은 잘못은 소인의 큰 잘못보다 크다

군자로서 위선을 행하는 것은

소인이 악을 거리낌 없이 행함과 다를 바 없고,

군자로서 절개를 꺾는다면

소인이 스스로 제 잘못을 뉘우쳐 새로워지느니만 못하다.

君子而詐善, 無異小人之肆惡; 君子而改節, 不及小人之自新.
군 자 이 사 선   무 이 소 인 지 사 악   군 자 이 개 절   불 급 소 인 지 자 신

🌱 가족에게 잘못이 있거든

집안 식구에게 잘못이 있거든
너무 거칠게 화를 내어서는 안 되며
가벼이 내버려두어서도 안 된다.
그 일을 바로 말하기 어렵거든
다른 일을 비유하여 은근히 일깨워 주어야 하며,
오늘 깨닫지 못하거든
내일을 기다려 다시 깨우쳐 주되
마치 봄바람이 얼어붙은 것을 풀고,
따뜻한 기운이 얼음을 녹이듯 하라.
이것이 곧 가정을 다스리는 법도다.

家人有過, 不宜暴怒, 不宜輕棄. 此事難言, 借他事隱諷之;
가 인 유 과 불 의 폭 노 불 의 경 기 차 사 난 언 차 타 사 은 풍 지
今日不悟, 俟來日再警之. 如春風解凍, 如和氣消氷,
금 일 불 오 사 내 일 재 경 지 여 춘 풍 해 동 여 화 기 소 빙
纔是家庭的型範.
재 시 가 정 적 형 범

내 마음을 다스릴 수 있다면

자신의 마음을 항상 원만하게 살필 수 있다면
세상은 한 점 결함 없는 원만한 곳이 될 것이며,
자기 마음을 항상 관대하고 평온하게 할 수 있다면
세상에 저절로 사악한 인정이 없어질 것이다.

此心常看得圓滿, 天下自無缺陷之世界; 此心常放得寬平,
차 심 상 간 득 원 만　천 하 자 무 결 함 지 세 계　차 심 상 방 득 관 평

天下自無險側之人情.
천 하 자 무 험 측 지 인 정

🌱 올곧은 사람은 미움 받기 마련이니

청렴하고 검소한 선비는
반드시 호화로운 것을 좋아하는 자의 의심을 받게 되고,
엄격한 사람은 방종한 사람의 미움을 받게 마련이다.
군자는 이에 처하여도
그 지조를 조금이라도 바꾸지 말아야 하며,
또 그 주장을 너무 드러내지도 말아야 한다.

澹泊之士, 必爲濃艶者所疑; 檢飭之人, 多爲放肆者所忌.
담 박 지 사   필 위 농 염 자 소 의   검 칙 지 인   다 위 방 사 자 소 기
君子處此, 固不可少變其操履, 亦不可太露其鋒芒.
군 자 처 차   고 불 가 소 변 기 조 리   역 불 가 태 로 기 봉 망

🔖 해설

　　호화로운 것을 좋아하는 사람은 청렴하고 검소한 선비를 이해하지 못
하고, 행동이 방종한 사람은 몸가짐이 바른 엄격한 사람을 싫어합니다.
이와 같은 이유에서 군자가 지조를 굽혀 그들에게 영합해서도 안 되고,
또 그들과 대립하는 모난 행동을 해서도 안 됩니다. 군자는 지조를 지키
면서도 남을 포용하는 아량이 있어야 합니다.

🌷 역경은 때로 약이 된다

역경 속에 있을 때는
그 주위가 모두 침이 되고 약이 되어
절개와 행실을 갈고닦게 하는데
사람들이 이를 미처 깨닫지 못하고,
순조로운 상황 속에 있을 때는
눈앞에 있는 것이 모두 칼이 되고 창이 되어
기름을 녹이고 뼈를 깎는데도
사람들이 이를 미처 깨닫지 못한다.

居逆境中, 周身皆鍼砭藥石, 砥節礪行而不覺; 處順境内,
거 역 경 중   주 신 개 침 폄 약 석   지 절 려 행 이 불 각   처 순 경 내

眼前盡兵刃戈矛, 銷膏磨骨而不知.
안 전 진 병 인 과 모   소 고 마 골 이 부 지

🌱 귀하게 자란 폐단

부귀한 환경에서 성장한 사람은
욕심을 내는 것이 사나운 불길 같고
권세를 좋아함이 매서운 불꽃 같으니,
만일 이러한 사람이 조금이라도 식히려는 기운을 지니지 않는다면
그 불길이 남을 태우는 데까지는 이르지 않더라도
반드시 스스로를 태워 자멸하게 될 것이다.

生長富貴叢中的, 嗜欲如猛火, 權勢似烈焰. 若不帶些淸冷氣味,
생 장 부 귀 총 중 적　기 욕 여 맹 화　권 세 사 렬 염　약 부 대 사 청 랭 기 미
其火焰不至焚人, 必將自爍矣.
기 화 염 부 지 분 인　필 장 자 삭 의

🌱 진실된 마음의 힘

사람의 마음이 진실하면 오뉴월에도 서리를 내릴 수 있고,

견고한 성곽도 무너뜨릴 수 있으며

단단한 쇠와 돌도 뚫을 수 있다.

그러나 거짓된 사람은 한낱 사람의 탈만 갖추었을 뿐

참모습은 이미 사라져,

사람을 대하고 있는 그 모습은 참으로 가증스럽고,

혼자 있을 때는 자신의 그림자를 마주한 채 부끄러움을 느낀다.

人心一眞, 便霜可飛, 城可隕, 金石可貫. 若僞妄之人, 形骸徒具,
인심일진 변상가비 성가운 금석가관 약위망지인 형해도구

眞宰己亡, 對人則面目可憎, 獨居則影形自塊.
진재이망 대인즉면목가증 독거즉형영자괴

🌱 지극한 경지에 이른다는 것

지극한 경지에 이른 문장은
남다른 기교가 있는 것이 아니라
그저 쓰고자 하는 내용에 꼭 알맞게 할 뿐이며,
지극한 경지에 이른 인품은
남다른 특이함이 있는 것이 아니라
다만 인간 본연의 모습 그대로일 뿐이다.

文章做到極處, 無有他奇, 只是恰好; 人品做到極處, 無有他異,
문장주도극처　무유타기　지시흡호　인품주도극처　무유타이
只是本然.
지시본연

🌱 세상의 진리를 알면 얽매임에서 벗어난다

이 세상 모든 것을 허상으로 본다면

부귀공명은 말할 것도 없고 자신의 신체조차도 빌려서 가진 형체

이며,

이 세상 모든 것을 참된 경지로 본다면

부모형제는 물론이고 천지 만물이 모두 나와 한 몸이다.

능히 이것을 간파하고 이런 진리를 인식한 사람이라야

비로소 천하대사를 맡을 수 있고,

또한 세상의 얽매임에서 벗어날 수 있다.

以幻迹言, 無論功名富貴, 卽肢體亦屬委形; 以眞境言,
이 환 적 언　무 론 공 명 부 귀　즉 지 체 역 속 위 형　이 진 경 언

無論父母兄弟, 卽萬物皆吾一體. 人能看得破, 認得眞,
무 론 부 모 형 제　즉 만 물 개 오 일 체　인 능 간 득 파　인 득 진

纔可以任天下之負擔, 亦可脫世間之韁鎖.
재 가 이 임 천 하 지 부 담　역 가 탈 세 간 지 강 쇄

🌱 즐거움은 절반쯤에서 그치라

입을 즐겁게 하는 음식은
모두가 장을 상하게 하고 뼈를 썩게 하는 독약과 같으니,
많이 먹지 말고 절반쯤에서 그쳐야 화를 면한다.
마음을 즐겁게 하는 쾌락은
모두가 몸을 망치고 덕을 잃게 하는 매개물이니,
깊이 탐닉하지 말고 절반쯤에서 그쳐야 후회가 없을 것이다.

爽口之味, 皆爛腸腐骨之藥, 五分便無殃: 快心之事,
상 구 지 미   개 란 장 부 골 지 약   오 분 변 무 앙   쾌 심 지 사
悉敗身喪德之媒, 五分便無悔.
실 패 신 상 덕 지 매   오 분 변 무 회

🌱 덕을 기르는 세 가지 방법

남의 작은 과오는 꾸짖지 말고,
남의 사사로운 비밀은 들추어내지 말며,
남의 지난 허물은 마음에 새겨 두지 말라.
이 세 가지로 능히 덕을 기를 수 있고
또한 해악을 멀리할 수 있는 것이다.

不責人小過, 不發人陰私, 不念人舊惡. 三者可以養德,
불 책 인 소 과   불 발 인 음 사   불 념 인 구 악   삼 자 가 이 양 덕
亦可以遠害.
역 가 이 원 해

🌱 몸가짐은 진중하게, 마음가짐은 산뜻하게

선비는 몸가짐을 가볍게 해서는 안 되나니
너무 가벼우면 사물에 휘말리어
느긋하고 침착한 맛이 없어지며,
마음 씀씀이를 무겁게 해서는 안 되나니
너무 무거우면 사물에 얽매여
산뜻하고 활발한 기상이 없어지게 된다.

士君子持身不可輕, 輕則物能撓我, 而無悠閑鎭定之趣;
사 군 자 지 신 불 가 경   경 즉 물 능 요 아   이 무 유 한 진 정 지 취
用意不可重, 重則我爲物泥, 而無蕭灑活潑之機.
용 의 불 가 중   중 즉 아 위 물 니   이 무 소 쇄 활 발 지 기

🌱 두 번 태어날 수 없으니

하늘과 땅은 영원히 있으나
이 몸은 두 번 얻지 못하고,
인생은 백 년에 불과한데
하루는 쉬이 가 버린다.
다행히 그 사이에 태어난 사람으로서
삶의 즐거움을 누리지 못해도 안 되고,
또 헛되이 살지 않을까 근심하지 않아도 안 된다.

天地有萬古, 此身不再得; 人生只百年, 此日最易過. 幸生其間者,
천 지 유 만 고   차 신 부 재 득   인 생 지 백 년   차 일 최 이 과   행 생 기 간 자
不可不知有生之樂, 亦不可不懷虛生之憂.
불 가 부 지 유 생 지 락   역 불 가 불 회 허 생 지 우

🌱 은혜와 원한을 모두 감추라

원한은 덕으로 나타나는 것이니,
남이 나를 덕 있다고 여기게 하기보다는
덕과 원한을 모두 잊게 하는 것이 나으며,
원수는 은혜로부터 생겨나는 것이니,
남이 나의 은혜를 알게 하기보다는
은혜와 원수를 모두 잊게 하는 것이 낫다.

怨因德彰, 故使人德我, 不若德怨之兩忘; 仇因恩立, 故使人知恩,
원 인 덕 창 고 사 인 덕 아 불 약 덕 원 지 량 망 구 인 은 립 고 사 인 지 은
不若恩仇之俱泯.
불 약 은 구 지 구 민

🌱 젊고 잘나갈 때 조심하라

늙어서 생기는 질병은 모두 젊었을 때 불러들인 것이요,
쇠퇴한 뒤의 재앙은 모두 흥성할 때 지은 것이다.
그러므로 군자는 젊고 흥성한 때에 더욱 조심하는 것이다.

老來疾病, 都是壯時招的; 衰後罪孽, 都是盛時作的. 故持盈履滿,
노 래 질 병　도 시 장 시 초 적　쇠 후 죄 얼　도 시 성 시 작 적　고 지 영 리 만
君子尤兢兢焉.
군 자 우 긍 긍 언

🌱 새 친구를 사귀기보다 옛 우정을 지키라

사사로운 은혜를 남에게 베풀기보다 공의를 지키는 것이 낫고,
새 친구를 사귀기보다 옛 친구와 우정을 돈독히 하는 것이 나으며,
명성을 세우기보다 숨은 공덕을 쌓는 것이 낫고,
지조와 절개를 숭상하기보다 평상시의 행동을 삼가는 것이 낫다.

市私恩, 不如扶公議; 結新知, 不如敦舊好; 立榮名, 不如種隱德;
시 사 은　불 여 부 공 의　결 신 지　불 여 돈 구 호　입 영 명　불 여 종 은 덕
尚奇節, 不如謹庸行.
상 기 절　불 여 근 용 행

🪴 권세에 발을 들여놓지 말라

공평한 정론에는 반대하지 말라.
한번 범하면 부끄러움을 만세에 남기게 될 것이다.
권세와 사리私利에는 발을 들여놓지 말라.
한번 발붙이면 평생 씻지 못할 오명을 남기게 될 것이다.

公平正論, 不可犯手, 一犯則貽羞萬世; 權門私竇, 不可著脚,
공 평 정 론   불 가 범 수   일 범 즉 이 수 만 세   권 문 사 두   불 가 착 각
一著則點汚終身.
일 착 즉 점 오 종 신

🪴 뜻을 굽혀 칭찬 듣기보다
뜻을 지켜 미움 받는 것이 낫다

뜻을 굽혀서 남을 기쁘게 하는 것은
몸가짐을 바르게 하여 남의 미움을 받느니만 못하고,
좋은 일을 한 것도 없이 남의 칭찬을 받는 것은
나쁜 일을 저지르지 않고도 남의 비난을 받느니만 못하다.

曲意而使人喜, 不若直躬而使人忌; 無善而致人譽,
곡 의 이 사 인 희   불 약 직 궁 이 사 인 기   무 선 이 치 인 예
不若無惡而致人毁.
불 약 무 악 이 치 인 훼

🌱 친구의 허물은 주저 없이 충고하라

부모형제의 변고에는
침착해야지 격해져서는 안 되고,
친구의 잘못을 보거든
적절히 충고해야지 우유부단해서는 안 된다.

處父兄骨肉之變, 宜從容, 不宜激烈; 遇朋友交遊之失, 宜凱切,
처 부 형 골 육 지 변　의 종 용　불 의 격 렬　우 붕 우 교 유 지 실　의 개 절
不宜優游.
불 의 우 유

해설

　부모나 형제가 갑자기 변을 당하면 지나치게 상심하고 마음이 동요되어 현명하게 사태 수습을 하기 어렵습니다. 그럴수록 침착하고 조용하게 대처해야 합니다. 또한 친구가 잘못을 저질렀을 때는 우물쭈물 주저하지 말고 적절하게 충고해 주어야 합니다.

🌱 참된 영웅

작은 일에도 소홀함이 없고
남이 보지 않는 곳에서도 속이거나 숨기지 않으며
끝에 가서도 태만하지 않으면
이런 사람이야말로 참된 영웅이라고 할 수 있을 것이다.

小處不滲漏, 暗中不欺隱, 末路不怠荒, 纔是個眞正英雄.
소 처 불 삼 루   암 중 불 기 은   말 로 불 태 황   재 시 개 진 정 영 웅

🌱 작은 베풂이 큰 기쁨이 되리니

천금으로도 한때의 환심을 사기는 어려우나
한 그릇의 밥으로도 평생의 은혜를 이루는 수가 있다.
대체로 사랑이 지나치면 도리어 원한을 살 수 있고,
작은 베풂이 도리어 큰 기쁨이 되기도 하는 것이다.

千金難結一時之歡, 一飯竟致終身之感. 蓋愛重反爲仇,
천 금 난 결 일 시 지 환   일 반 경 치 종 신 지 감   개 애 중 반 위 구
薄極反成喜也.
박 극 반 성 희 야

🔖 해설

천만금을 준다 해도 이해타산에서 나오는 것이라면 상대방에게 아무런 감동도 주지 못합니다. 그러나 한 그릇의 밥이라도 진정이 담겨 있다면, 경우에 따라서는 일생토록 그 감격을 잊지 못하기도 합니다. 한고조漢高祖 유방劉邦을 도와 패업을 이룬 한신韓信은, 곤궁했을 때 빨래하는 여인에게서 따뜻한 인정이 담긴 밥 한 그릇을 얻어먹은 적이 있었는데, 그 일을 일생을 두고 잊지 못했다고 합니다.

배부를 때 음식 대접은 고마울 것이 없으나 곤란할 때 베푸는 작은 온정은 잊을 수 없는 은혜가 됩니다. 그러므로 남을 돕되 꼭 필요한 경우에 적당히 해야 보람이 있는 것입니다.

🌱 드러내지 않음으로 자신을 지키라

교묘한 재주를 서툰 솜씨 속에 감추고,
어둠으로 밝음을 드러내며,
청렴하면서도 혼탁한 가운데 머물러 있고,
굽힘으로써 몸을 펴는 바탕으로 삼는다면
참으로 세상을 건너는 일호一壺가 되고,
몸을 감추는 삼굴三窟이 될 것이다.

藏巧於拙, 用晦而明, 寓淸于濁, 以屈爲伸, 眞涉世之一壺,
장교 어 졸 용 회 이 명 우 청 우 탁 이 굴 위 신 진 섭 세 지 일 호

藏身之三窟也.
장 신 지 삼 굴 야

🎧 해설

《갈관자鶡冠子》에 '물을 건너다가 배를 잃게 되면 표주박 하나도 천금의
값어치가 나간다中流失船 一壺千金'는 말이 있습니다. 호壺는 표주박으로,
가벼워서 물에 잘 뜨는 까닭에 옛날에는 이것을 여러 개 엮어서 허리에
차고 물을 건너기도 하였습니다. 《전국책戰國策》에 '영리한 토끼는 세 개의
굴을 파놓는다狡兔三窟'고 하였습니다. 이때 삼굴은 몸을 피하여 보신할 수
있는 방편을 만들어 놓음을 의미합니다.

🪴 편안할 때 위험을 대비하라

쇠퇴해 가는 모습은 흥성함 속에 있고,
새로이 피어나는 움직임은 쇠락해 가는 데 있다.
군자는 편안한 때에 마음을 굳게 지켜서 후환이 없도록 할 것이요,
이변을 당했을 때는 백 번을 참아 성공을 도모해야만 한다.

衰颯的景象, 就在盛满中; 發生的機緘, 卽在零落內. 故君子居安,
쇠 삽 적 경 상　취 재 성 만 중　발 생 적 기 함　즉 재 영 락 내　고 군 자 거 안
宜操一心以慮患; 處變, 當堅百忍以圖成.
의 조 일 심 이 려 환　처 변, 당 견 백 인 이 도 성

🪴 때로 호기심은 큰 식견을 막는다

신기한 것에 경탄하고 특이한 것을 좋아하는 사람은
원대한 식견을 지니지 못하고,
지나치게 절의에 집착하고 자신만의 행동을 고집하는 사람은
변함없는 지조를 지니지 못한다.

驚奇喜異者, 無遠大之識; 苦節獨行者, 非恒久之操.
경 기 희 이 자　무 원 대 지 식　고 절 독 행 자　비 항 구 지 조

🌱 분노와 욕망의 마음을 아는 것

분노의 불길이 타오르고
욕망의 물결이 끓어오르는 때에 처하면,
분명히 이를 알고
또 분명히 억제하려 함이 있으니,
이를 아는 것은 누구이며
이를 누르려는 것은 누구인가.
이때 홀연히 생각을 돌릴 수 있다면
사악한 마음도 곧 참된 마음이 될 것이다.

當怒火慾水正騰沸處, 明明知得, 又明明犯著. 知的是誰,
당 노 화 욕 수 정 등 비 처   명 명 지 득   우 명 명 범 착   지 적 시 수
犯的又是誰, 此處能猛然轉念, 邪魔便爲眞君矣.
범 적 우 시 수   차 처 능 맹 연 전 념   사 마 변 위 진 군 의

해설

　이성을 잃으면 화를 내고 욕망에 이끌릴 수 있는 것이 인간입니다. 그
러나 시간이 지나 이성을 다시 찾으면 자기 행동을 부끄러워하고 후회합
니다. 그러한 양면성을 지니고 있기에 분노가 치밀고 욕망이 불길처럼 일
어날 때 한 박자 늦추면서 이성을 찾는 사람이야말로 무엇이든 부릴 수
있는 경지에 도달했다고 보아야 할 것입니다. 이것이 곧 인격 수양임을
직설적으로 나타낸 글입니다.

🌱 세상을 살면서 하지 말아야 할 네 가지

한쪽 말만을 믿어 간악한 사람에게 속지 말고,
자신을 너무 믿고 만용을 부리지 말라.
자기의 장점을 내세워 남의 단점을 드러내지 말고,
자신이 서투르다고 남의 능력 있음을 시기하지 말라.

毋偏信而爲奸所欺, 毋自任而爲氣所使. 毋以己之長而形人之短,
무 편 신 이 위 간 소 기   무 자 임 이 위 기 소 사   무 이 기 지 장 이 형 인 지 단

毋因己之拙而忌人之能.
무 인 기 지 졸 이 기 인 지 능

🌱 남의 단점은 덮어 주라

남의 단점은 될 수 있는 대로 감싸 주어야 한다.
만일 그것을 드러내어 세상에 알린다면
이는 단점으로써 단점을 공격하는 것이 된다.
남에게 완악한 점이 있으면 잘 타일러 깨우쳐 주어야 한다.
만일 화를 내고 미워한다면
이는 완악함으로써 완악함을 구제하려는 것이 된다.

人之短處, 要曲爲彌縫, 如暴而揚之, 是以短攻短; 人有頑的,
인 지 단 처　요 곡 위 미 봉　여 폭 이 양 지　시 이 단 공 단　인 유 완 적
要善爲化誨, 如忿而疾之, 是以頑濟頑.
요 선 위 화 회　여 분 이 질 지　시 이 완 제 완

🌱 화를 잘 내는 사람 앞에서는 말을 삼가라

음침하여 말 없는 선비를 만나거든
마음을 터놓지 말 것이며,
발끈하여 성내기를 잘하고 잘난 체하는 사람을 보거든
모름지기 말을 삼가라.

遇沈沈不語之士, 且莫輸心; 見悻悻自好之人, 應須防口.
우 침 침 불 어 지 사　차 막 수 심　견 행 행 자 호 지 인　응 수 방 구

🌱 마음의 고삐를 쥐락펴락할 줄 알아야 한다

마음이 어둡고 산란할 때는 자신을 일깨울 줄 알아야 하고,
마음이 긴장될 때는 풀어 버릴 줄 알아야 한다.
그렇지 못하면 어두운 마음은 고칠지라도
조바심 나는 괴로움이 다시 찾아올 것이다.

念頭昏散處, 要知提醒; 念頭喫緊時, 要知放下.
염 두 혼 산 처   요 지 제 성   염 두 끽 긴 시   요 지 방 하
不然恐去昏昏之病, 又來憧憧之擾矣.
불 연 공 거 혼 혼 지 병   우 래 동 동 지 요 의

해설

　마음이 어둡고 산란할 때는 마음을 가다듬어 정신을 차릴 줄 알아야 하고, 마음이 극도로 긴장되어 굳어졌을 때는 풀어 버리고 밝게 할 줄 알아야 합니다. 이처럼 융통성 있게 행동할 줄 모른다면 마음이 우울하지 않을 때도 흔들리게 되므로 안정할 수 없을 것입니다.

🌱 흐렸다 개었다 하는 것이 사람 마음

푸른 하늘도 갑자기 변하여 천둥번개가 치고,
세찬 비바람이 몰아치다가도
갑자기 변하여 맑은 하늘에 밝은 달이 떠오른다.
대자연의 변화가 언제 조금이라도 멈춘 적이 있으며,
천체의 운행이 언제 조금이라도 막힌 적이 있었는가?
사람의 본마음 또한 마땅히 이와 같아야 하는 것이다.

霽日靑天, 倏變爲迅雷震電; 疾風怒雨, 倏變爲朗月晴空.
제 일 청 천   숙 변 위 신 뇌 진 전   질 풍 노 우   숙 변 위 랑 월 청 공
氣機何常, 一毫凝滯, 太虛何常, 一毫障塞, 人心之體, 亦當如是.
기 기 하 상   일 호 응 체   태 허 하 상   일 호 장 색   인 심 지 체   역 당 여 시

해설

　맑게 갠 푸른 하늘이 갑자기 먹구름으로 뒤덮이고 천둥번개가 치는가
하면, 폭풍우가 휘몰아치던 사나운 날씨도 금세 개어 달이 환히 비치기도
합니다. 이처럼 천지의 움직임이 한결같지 않은 것은 모두가 조그마한 막
힘 때문입니다. 그 막힘이 뚫려 천둥번개, 폭풍과 폭우가 지나가면 자연
본래의 모습인 푸른 하늘이 나타납니다. 사람의 마음도 아주 작은 막힘으
로 희로애락이 뒤바뀌지만, 그것이 지나가면 비가 갠 뒤의 푸른 하늘처럼
깨끗한 본래의 마음으로 되돌아옵니다.

🌱 앎과 의지 모두 필요하다

사리사욕을 이겨 제어하는 일에 대해,
어떤 사람은 사리사욕의 실체를 빨리 알지 않으면
의지대로 제어하기 쉽지 않을 것이라 하고,
어떤 사람은 사리사욕의 실체를 간파했더라도
그것을 찾아내어 제어할 수 있는 의지가 없으면 안 된다고 한다.
앎이란 사리사욕의 실체를 분명히 비출 수 있는 밝은 구슬이며,
의지는 사리사욕을 끊어 버릴 수 있는 보검이니,
이 두 가지 모두 없어서는 안 될 것이다.

勝私制欲之功, 有曰識不早, 力不易者, 有曰識得破, 忍不過者.
승 사 제 욕 지 공　유 왈 식 부 조　역 불 이 자　유 왈 식 득 파　인 불 과 자
蓋識是一顆照魔的明珠, 力是一把斬魔的慧劍, 兩不可少也.
개 식 시 일 과 조 마 적 명 주　역 시 일 파 참 마 적 혜 검　양 불 가 소 야

해설

　사리사욕을 알아차리는 것도 중요하지만 참고 억제하는 의지 또한 중요합니다. 지식의 빛이 없으면 악을 알아볼 수 없고, 의지의 칼이 없으면 알아도 끊어 낼 수 없기 때문입니다. 이것이 바로 격물치지格物致知와 성의정심誠意正心, 다시 말하면 궁리窮理와 역행力行이 모두 중요시되는 까닭입니다.

🌱 알고도 내색하지 않는 지혜

남의 속임수를 깨닫고도 말로 나타내지 않고,
남의 업신여김을 받더라도 낯빛이 변하지 않으면
이 가운데에 무한한 뜻이 있고
또한 무궁한 헤아림이 있다.

覺人之詐, 不形於言; 受人之侮, 不動於色. 此中有無窮意味,
각 인 지 사   불 형 어 언   수 인 지 모   부 동 어 색   차 중 유 무 궁 의 미
亦有無窮受用.
역 유 무 궁 수 용

🌱 역경은 나를 단련시키는 용광로

역경과 곤궁은 큰 인물을 단련하는 하나의 용광로와 망치이다.
그 단련을 능히 감내하면 몸과 마음이 함께 이로울 것이요,
그 단련을 이겨 내지 못하면 몸과 마음이 모두 해로울 것이다.

橫逆困窮, 是煆煉豪傑的一副鑢錘. 能受其煆煉, 則心身交益,
횡 역 곤 궁   시 하 련 호 걸 적 일 부 로 추   능 수 기 하 련   즉 심 신 교 익
不受其煆煉, 則心身交損.
불 수 기 하 련   즉 심 신 교 손

🪴 나의 몸은 우주, 천지는 부모이니

나의 몸은 하나의 작은 우주이니,
기뻐함과 성냄에 허물이 없게 하고,
좋아함과 싫어함을 법도에 맞게 한다면
이는 곧 내 몸을 조화롭게 다스리는 공부가 된다.
천지는 하나의 큰 부모이니,
백성들로 하여금 원망과 탄식이 없게 하고,
만물로 하여금 근심이 없게 한다면
이 또한 화목을 돈독히 하는 기상이 되는 것이다.

吾身一小天地也, 使喜怒不愆, 好惡有則, 便是燮理的功夫;
오 신 일 소 천 지 야 사 희 로 불 건   호 오 유 칙   변 시 섭 리 적 공 부
天地一大父母也, 使民無怨咨, 物無氛疹, 亦是敦睦的氣象.
천 지 일 대 부 모 야 사 민 무 원 자   물 무 분 진   역 시 돈 목 적 기 상

🎧 해설

옛날에는 사람이 천지의 조화로 태어나고 성품은 하늘에서 부여받는 것이라 여겨 하늘과 사람을 한 몸으로 보았습니다. 그래서 사람을 작은 우주라고 한 것입니다. 이 글은 천지에 사시四時의 운행이 있듯이 사람에게도 희로호오喜怒好惡의 법칙이 있으니 몸을 다스릴 것을 강조합니다. 또한 백성들에게 덕을 베풀어 원망하는 탄식이 없도록 하고, 모든 사물이 순조롭고 살기 좋고 평화로운 세상을 만든다면 이는 곧 한 집안 식구끼리 단란한 기상을 이루는 것이라 말합니다.

🌱 생각에 소홀하지도, 지나치게 살피지도 말라

남을 해치려는 마음을 가져서는 안 되고,
자신을 지키려는 마음이 없어서도 안 되니,
이는 생각에 소홀한 것을 경계함이다.
남한테 속임을 당할지언정
남의 속임을 앞질러 염려하지 말 것이니,
이는 지나치게 살피는 것을 경계함이다.
이 두 가지 말을 함께 지닌다면
생각이 밝아지고 덕이 두터워질 것이다.

害人之心不可有, 防人之心不可無, 此戒疎於慮也; 寧受人之詐,
해 인 지 심 불 가 유 방 인 지 심 불 가 무 차 계 소 어 려 야 영 수 인 지 사

毋逆人之詐, 此警傷於察也; 二語竝存, 精明而渾厚矣.
무 역 인 지 사 차 경 상 어 찰 야 이 어 병 존 정 명 이 혼 후 의

사소한 은혜에 이끌려 큰일을 그르치지 말라

여러 사람이 의심한다 하여 자신의 소신을 꺾지 말고,
자신의 의견만을 내세워 남의 말을 물리치지 말라.
사소한 은혜에 이끌려 큰일을 그르치지 말며,
공론을 빌어서 사사로운 정을 풀려고 하지 말라.

毋因群疑而阻獨見, 毋任己意而廢人言, 毋私小惠而傷大體,
무 인 군 의 이 조 독 견   무 임 기 의 이 폐 인 언   무 사 소 혜 이 상 대 체
毋借公論而快私情.
무 차 공 론 이 쾌 사 정

🌱 칭찬과 비난에 신중하라

착한 사람과 빨리 친해질 수 없거든 미리 칭찬하지는 말라.
간악한 사람의 모함이 있을까 두렵다.
악한 사람을 쉽게 물리칠 수 없거든 미리 말을 하지 말라.
뜻하지 않은 재앙을 부를까 두렵다.

善人未能急親, 不宜預揚, 恐來讒讚之奸; 惡人未能輕去,
선 인 미 능 급 친   불 의 예 양   공 래 참 찬 지 간   악 인 미 능 경 거

不宜先發, 恐招媒蘖之禍.
불 의 선 발   공 초 매 얼 지 화

해설

사람을 선택하는 데는 신중을 기해야 합니다. 예컨대 선한 사람을 쓰기
에 앞서 사람들에게 알리면 그 선한 사람을 참소하여 이간하는 말이 생기
고, 악인을 내치려 하는 일을 미리 발설하면 그가 원한을 품고 무슨 일을
벌일지 모릅니다. 그러므로 인사人事의 처리는 신중하면서도 신속하게 해
야 합니다.

🌱 위대한 것들도 보이지 않는
작은 것에서 시작되니

푸른 하늘에 빛나는 태양처럼 드높은 절개도
어두운 방 한구석에서 길러진 것이요,
천지를 뒤흔드는 뛰어난 경륜도
깊은 연못가에서 살얼음을 밟듯 조심스럽게 다듬어진 것이다.

靑天白日的節義, 自暗室屋漏中培來; 旋乾轉坤的經綸,
청 천 백 일 적 절 의   자 암 실 옥 루 중 배 래   선 건 전 곤 적 경 륜
自臨深履薄處操出.
자 림 심 리 박 처 조 출

🔖 해설

　역사상에 길이 빛날 높은 절개는 하루아침에 이루어진 것이 아니라 사람들이 보지 않는 어두운 곳에서 오랜 세월을 갈고닦아 길러 낸 것입니다. 또 위대한 정치가들의 뛰어난 경륜도 우연히 이루어진 것이 아니라 조심스럽고 면밀한 계획이 뒷받침되어 이루어진 것입니다.

🌱 마땅한 도리이지 감사할 일이 아니다

아버지는 인자하고 아들은 효도하며,
형은 우애가 있고 아우는 공손한 것이
지극한 경지에 도달했다고 할지라도,
이는 당연한 것이지 털끝만큼이라도 감격할 일이 아니다.
만일 베푸는 사람이 덕으로 여기고,
받는 사람이 은혜로 생각한다면
그것은 거리에서 우연히 만난 사람과 다름없으니
곧 장사꾼의 거래가 되고 마는 것이다.

父慈子孝, 兄友弟恭, 終做到極處, 俱是合當如此,
부 자 자 효 형 우 제 공 종 주 도 극 처 구 시 합 당 여 차
著不得一毫感激的念頭. 如施者任德, 受者懷恩, 便是路人,
착 부 득 일 호 감 격 적 념 두 여 시 자 임 덕 수 자 회 은 변 시 로 인
便成市道矣.
변 성 시 도 의

🎣 해설

부모가 자식을 사랑하고, 자식이 부모에게 효도하며, 형이 아우를 사랑
하고, 아우가 형을 공경하는 것은 자연에서 우러나온 도리로 지극히 당연
한 것입니다. 부모가 자식에 대해 덕을 베푼 것으로 여기고 자식이 은혜
로 생각한다면 이해관계로 변하여 장사꾼과 다름없이 되어 버립니다. 이
글은 부모와 자식, 형과 아우, 즉 혈육 사이의 당연한 윤리를 밝히고 있습
니다.

🌱 내세우지 않으면 허물도 없다

아름다운 것이 있으면 반드시 추한 것이 있어
서로 대비를 이루게 되니,
스스로 아름다운 것을 자랑하지 않는다면
누가 능히 나를 추하다 하겠는가.
깨끗한 것이 있으면 반드시 더러운 것이 있어
서로 대비를 이루게 되니,
스스로 깨끗한 것을 좋아하지 않는다면
누가 능히 나를 더럽다 하겠는가.

有妍必有醜爲之對, 我不誇妍, 誰能醜我; 有潔必有汚爲之仇,
유 연 필 유 추 위 지 대   아 불 과 연   수 능 추 아   유 결 필 유 오 위 지 구
我不好潔, 誰能汚我.
아 불 호 결   수 능 오 아

🌱 평정심으로 다스리지 않으면

인정이 변덕스러운 것은
부귀한 사람이 가난한 사람보다 더하고,
질투하고 시기하는 마음은
골육 간이 생면부지의 사람보다 더하다.
이러한 때 냉철한 마음으로 대처하고,
평정한 기운으로 제어하지 않는다면
하루도 번뇌 가운데 앉아 지내지 않는 날이 없을 것이다.

炎涼之態, 富貴更甚於貧賤; 妬忌之心, 骨肉尤狠於外人.
염 량 지 태 부 귀 갱 심 어 빈 천   투 기 지 심   골 육 우 한 어 외 인
此處若不當以冷腸, 御以平氣, 鮮不日坐煩惱障中矣.
차 처 약 부 당 이 랭 장   어 이 평 기   선 불 일 좌 번 뇌 장 중 의

🌱 공과를 구분하되 지나쳐서는 안 된다

공로와 과실은 조금이라도 혼동하지 말라.
혼동하게 되면 사람들은 게으른 마음을 품게 될 것이다.
은혜와 원한은 지나치게 구분 짓지 말라.
지나치게 구분 지으면 사람들은 떠나려는 마음을 품게 될 것이다.

功過不容少混, 混則人懷惰墮之心; 恩仇不可大明,
공 과 불 용 소 혼   혼 즉 인 회 타 타 지 심   은 구 불 가 대 명

明則人起携貳之志.
명 즉 인 기 휴 이 지 지

🎧 해설

공로가 있는 사람은 칭찬하고 과실이 있는 사람은 경고하여 공로와 과실을 명확히 해야만 사람들은 스스로 격려하여 부지런히 애쓰기 때문에 게으른 사람이 없어질 것입니다. 반면 은혜와 원한을 너무 밝혀 은혜를 베푼 사람만을 후하게 대하고, 원한을 산 사람을 미워한다면 사람들이 떠나갈 것입니다.

🌱 지나치면 위태로워진다

벼슬은 너무 높아서는 안 되니,

너무 높으면 위태롭다.

탁월한 재능은 다 쓰지 말아야 할 것이니,

다 써 버리면 쇠퇴하게 된다.

행실은 지나치게 고상하게 해서는 안 되니,

너무 고상하면 비방이 일어나고 헐뜯음을 듣게 될 것이다.

爵位不宜太盛, 太盛則危; 能事不宜盡畢, 盡畢則衰;
작 위 불 의 태 성   태 성 즉 위   능 사 불 의 진 필   진 필 즉 쇠

行誼不宜過高, 過高則謗興而毁來.
행 의 불 의 과 고   과 고 즉 방 흥 이 훼 래

🌱 숨은 선이 공이 크다

악은 그늘에 숨어 있기를 꺼리고
선은 밝은 곳에 나타나기를 꺼린다.
그러므로 드러난 악은 재앙이 작고 숨은 악은 재앙이 크며,
드러난 선은 공이 작고 숨은 선은 공이 크다.

惡忌陰, 善忌陽, 故惡之顯者禍淺, 而隱者禍深; 善之顯者功小,
악 기 음 선 기 양   고 악 지 현 자 화 천   이 은 자 화 심   선 지 현 자 공 소

而隱者功大.
이 은 자 공 대

🔖 해설

　나쁜 일은 숨겨도 드러나기 마련이므로, 숨기려 할수록 더 큰 죄를 짓게 됩니다. 착한 일을 한 것을 세상에 드러내려 하면 공리적 목적으로 한 일이라도 동기가 불순하게 여겨질 수 있고, 착한 일을 하고서도 숨기려한다면 공은 커집니다. 그러므로 스스로 저지른 악은 감추려 하지 말고 드러내어 반성하고 고쳐야 하며, 스스로 행한 선은 나타내려 하지 말고 깊숙이 감춤으로써 선의 공을 크게 해야 합니다.

🌱 덕은 재능의 주인, 재능은 덕의 종

덕은 재능의 주인이요,
재능은 덕의 종이다.
그러므로 재능은 있으나 덕이 없다면
마치 집안에 주인이 없고 종이 일을 멋대로 하는 것과 같으니
어찌 도깨비가 날뛰지 않겠는가.

德者才之主, 才者德之奴. 有才無德, 如家無主而奴用事矣,
덕 자 재 지 주   재 자 덕 지 노   유 재 무 덕   여 가 무 주 이 노 용 사 의

幾何不魍魉而猖狂.
기 하 불 망 량 이 창 광

해설

　덕과 재능은 둘 다 사람에게 필요한 것이나 덕이 재주보다 중요합니다.
덕은 적고 재주만 놀라운 것을 재승덕박才勝德薄이라고 하거니와 덕성이
빠진 재주는 도깨비가 날뛰는 것과 같이 세상에 혼란과 죄악을 빚어낼 것
입니다.

🪴 달아날 길은 열어 주라

간악한 사람을 제거하고 아첨하는 무리를 막으려면
먼저 그들이 도망갈 한 가닥 길을 터놓아야 한다.
만약 몸 둘 곳을 없게 한다면
이는 쥐구멍을 틀어막는 것과 같다.
달아날 길이 모두 막혀 버리면
소중한 물건을 다 물어뜯을 것이다.

鋤奸杜倖, 要放他一條去路. 若使之一無所容, 譬如塞鼠穴者,
서 간 두 행   요 방 타 일 조 거 로   약 사 지 일 무 소 용   비 여 색 서 혈 자
一切去路都塞盡, 則一切好物俱咬破矣.
일 체 거 로 도 색 진   즉 일 체 호 물 구 교 파 의

🌱 함께해야 할 것과 함께하지 말아야 할 것

과실에 대한 책임은 다른 사람과 함께할지언정
공적은 함께하지 말지니
공적을 함께하면 서로 시기하게 될 것이다.
환난은 다른 사람과 함께 할지언정
안락은 함께하지 말지니
안락을 함께하면 서로 원수가 될 것이다.

當與人同過, 不當與人同功, 同功則相忌; 可與人共患難,
당 여 인 동 과 부 당 여 인 동 공 동 공 즉 상 기 가 여 인 공 환 난

不可與人共安樂, 安樂則相仇.
불 가 여 인 공 안 락 안 락 즉 상 구

🌱 한마디 말로도

선비가 가난하여 비록 재물로 남을 구제하지는 못하더라도,
어리석은 사람이 방황하고 있을 때 한마디 말로써 깨우쳐 주고,
위급한 처지에 있는 사람을 만났을 때 한마디 말로써 구제한다면,
이것 역시 헤아릴 수 없는 공덕이 된다.

士君子, 貧不能濟物者, 遇人癡迷處, 出一言提醒之; 遇人急難處,
사 군 자 빈 불 능 제 물 자   우 인 치 미 처   출 일 언 제 성 지   우 인 급 난 처

出一言解救之, 亦是無量功德.
출 일 언 해 구 지   역 시 무 량 공 덕

🌱 인정의 병폐

굶주리면 달라붙고 배부르면 훌쩍 떠나며,
따뜻하면 몰려들고 추우면 버리는 것,
이것이 바로 인정의 보편적 병폐이다.

饑則附, 飽則颺; 燠則趨, 寒則棄, 人情通患也.
기 즉 부 포 즉 양   욱 즉 추   한 즉 기   인 정 통 환 야

♨ 냉철한 안목, 확고한 신념

군자는 마땅히 냉철한 눈을 깨끗이 닦아야 하며,
굳은 신념을 갖고 가볍게 움직이지 말아야 한다.

君子宜淨拭冷眼, 愼勿輕動剛腸.
군 자 의 정 식 랭 안   신 물 경 동 강 장

해설

　군자는 냉철하고 객관적인 눈으로 사물을 관찰해야 하며, 확고한 신념을 갖추고 경거망동해서는 안 됩니다.

♨ 식견부터 키우라

덕은 도량을 따라 앞으로 나아가고
도량은 식견으로 말미암아 자란다.
그러므로 덕을 두터이 하고자 하면 도량을 넓혀야 하고,
도량을 넓히고자 하면 먼저 식견을 키워야 하는 것이다.

德隨量進, 量由識長. 故欲厚其德, 不可不弘其量; 欲弘其量,
덕 수 량 진   양 유 식 장   고 욕 후 기 덕   불 가 불 홍 기 량   욕 홍 기 량
不可不大其識.
불 가 불 대 기 식

🌱 고요한 가운데 마음을 보면

외로운 등불이 반딧불처럼 가물거리고 삼라만상이 고요한 밤,
이때가 비로소 편안히 잠들 때다.
새벽 꿈에서 막 깨어나 만물이 아직 움직이지 않고 있을 때,
이때가 혼돈 속에서 벗어날 때다.
이때를 틈타 마음의 빛을 환히 밝혀 돌이켜 보면,
비로소 이목구비가 모두 몸을 묶는 수갑이요,
정욕과 기호가 마음을 타락시키는 기계임을 알 수 있을 것이다.

一燈螢然, 萬籟無聲, 此吾人初入宴寂時也; 曉夢初醒,
일 등 형 연   만 뢰 무 성   차 오 인 초 입 연 적 시 야   효 몽 초 성

群動未起, 此吾人初出混沌處也. 乘此而一念廻光, 炯然返照,
군 동 미 기   차 오 인 초 출 혼 돈 처 야   승 차 이 일 념 회 광   형 연 반 조

始知耳目口鼻皆桎梏, 而情欲嗜好悉機械矣.
시 지 이 목 구 비 개 질 곡   이 정 욕 기 호 실 기 계 의

🌱 반성하는 사람, 원망하는 사람

자기를 반성하는 사람에게는
닥치는 일마다 모두 약과 숫돌이 되고,
남을 원망하는 사람에게는
일어나는 생각마다 모두 창과 칼이 된다.
하나는 모든 선의 길을 열어 주고
다른 하나는 모든 악의 근원을 이루게 되는 것이니,
이 둘은 하늘과 땅만큼의 거리가 있다.

反己者, 觸事皆成藥石; 尤人者, 動念卽是戈矛. 一以闢衆善之路,
반 기 자   촉 사 개 성 약 석   우 인 자   동 념 즉 시 과 모   일 이 벽 중 선 지 로
一以濬諸惡之源, 相去霄壤矣.
일 이 준 제 악 지 원   상 거 소 양 의

🔖 해설

스스로 항상 반성하여 자기의 언행이 도리에 벗어나지 않게 조심하는
사람은 모든 일이 덕을 기르는 마음의 양식이 되고, 잘못된 일에 대한 책
임을 다른 사람에게 떠넘기는 사람은 일어나는 생각마다 자기 자신을 해
치게 됩니다. 그러므로 반성은 덕을 기르는 방법이고, 남 탓을 하는 것은
악의 샘을 파헤치는 것입니다. 그러므로 이 둘 사이에는 하늘과 땅만큼의
거리가 있습니다.

🪴 끝까지 지켜야 할 것

사업과 문장은 육체와 더불어 사라져 버리지만
정신은 오랜 세월 새롭다.
공명과 부귀는 시대에 따라 변하지만
절개는 천년이 하루와 같다.
그러한 까닭에 군자는 진실로 변치 않는 것을
변하는 것과 바꾸지 말아야 한다.

事業文章隨身銷毀, 而精神萬古如新; 功名富貴逐世轉移,
사 업 문 장 수 신 소 훼   이 정 신 만 고 여 신   공 명 부 귀 축 세 전 이
而氣節千載一日. 君子信不當以彼易此也.
이 기 절 천 재 일 일   군 자 신 부 당 이 피 역 차 야

🪴 인간의 잔꾀를 어찌 믿으랴

고기를 잡는 그물에 기러기가 걸려들고,
사마귀가 먹이를 노리는 곳에 참새가 또한 그 뒤를 노린다.
계략 속에 계략이 숨어 있고 이변 밖에 이변이 일어나니,
인간의 지혜와 잔꾀를 어찌 믿을 수 있겠는가!

魚網之設, 鴻則罹其中; 螳螂之貪, 雀又乘其後. 機裡藏機,
어 망 지 설   홍 즉 리 기 중   당 랑 지 탐   작 우 승 기 후   기 리 장 기
變外生變. 智巧何足恃哉.
변 외 생 변   지 교 하 족 시 재

🌱 진실함과 원만함을 두루 갖추라

사람으로서 조금이라도 진실하고 간절한 마음이 없으면
이는 거지와 다름없으니,
어떤 일을 하든지 매사가 부질없다.
세상을 살아감에 원만하고 활달한 맛이 없으면
장승과 같으니
곳곳마다 막힘이 있을 것이다.

作人無點眞懇念頭, 便成個花子, 事事皆虛; 涉世無段圓活機趣,
작 인 무 점 진 간 념 두   변 성 개 화 자   사 사 개 허   섭 세 무 단 원 활 기 취
便是個木人, 處處有碍.
변 시 개 목 인   처 처 유 애

해설

  거지는 빌어먹는 것으로 생계를 꾸려 가기 때문에 진실성이 없습니다.
조금이라도 참된 마음이 없는 사람은 거지와 같이 말과 행실이 모두 허망
하여 그를 믿을 수 없습니다. 세상을 살아가는 데 있어서 조금의 융통성
도 발휘하지 못한다면 장승과 같아서 그는 가는 곳마다 거치적거리는 존
재가 될 것입니다.

🌵 괴로움을 버리면 즐거움은 절로 온다

물은 물결이 일지 않으면 스스로 고요하고,
거울은 먼지가 끼지 않으면 저절로 밝다.
그러므로 굳이 마음을 맑게 하려고 애쓸 필요가 없으니
흐린 것을 버리면 스스로 맑아질 것이다.
또한 굳이 즐거움을 찾으려 애쓸 필요가 없으니
괴로움을 버리면 저절로 즐거울 것이다.

水不波則自定, 鑑不翳則自明, 故心無可淸, 去其混之者而淸自現;
수 불 파 즉 자 정   감 불 예 즉 자 명   고 심 무 가 청   거 기 혼 지 자 이 청 자 현
樂不必尋, 去其苦之者而樂自存.
낙 불 필 심   거 기 고 지 자 이 락 자 존

🎧 해설

　물은 원래 맑은 것인데 물결이 일어 흐려지는 것이고, 사람의 마음도
본래 맑은 것이지만 그것을 흐리게 함으로써 흐려지는 것입니다. 그러므
로 흐리게 하는 요인만 제거하면 마음은 밝은 본체를 되찾게 됩니다. 이
와 마찬가지로 즐거움도 굳이 찾지 않아도 마음에서 괴로움을 없애면 저
절로 나타납니다. 그럼에도 사람들이 공연히 제 마음을 스스로 괴롭게 하
기 때문에 즐거움이 없게 되는 것이지요.

🌵 큰 화는 사소한 것에서 비롯된다

사소한 생각이 귀신이 금하는 것을 범하고
사소한 말 한마디가 천지의 조화를 해치며,
사소한 일이 후손들에게 화를 미치니
마땅히 깊이 경계하고 삼가야 한다.

有一念而犯鬼神之禁, 一言而傷天地之和, 一事而釀子孫之禍,
유 일 념 이 범 귀 신 지 금   일 언 이 상 천 지 지 화   일 사 이 양 자 손 지 화
最宜切戒.
최 의 절 계

🌵 내버려두어야 하는 때도 있다

일은 급히 서두르면 명백해지지 않으나
차근히 하면 절로 밝혀지는 수가 있으니
조급하게 굴어 그르치지 말라.
사람은 부리고자 하면 순종하지 않으나
놓아 두면 감화되는 수가 있으니
심하게 부려 그 고집을 더해 주는 일이 없도록 하라.

事有急之不白者, 寬之或自明, 毋躁急以速其忿; 人有操之不從者,
사 유 급 지 불 백 자   관 지 혹 자 명   무 조 급 이 속 기 분   인 유 조 지 부 종 자
縱之或自化, 毋操切以益其頑.
종 지 혹 자 화   무 조 절 이 익 기 완

덕으로 닦은 것이 아니면

절개와 의리가 높고 문장이 뛰어날지라도,
덕으로 닦은 것이 아니라면
절의는 한낱 사사로운 혈기에 불과하고,
문장의 아름다움도 그저 말단의 기교일 뿐이다.

節義傲靑雲, 文章高白雪, 若不以德性陶鎔之,
절 의 오 청 운   문 장 고 백 설   약 불 이 덕 성 도 용 지

終爲血氣之私, 技能之末.
종 위 혈 기 지 사   기 능 지 말

🌵박수 칠 때 떠나라

일을 그만두고 물러나려거든
마땅히 그 전성기에 할 것이며,
몸을 두려거든
마땅히 홀로 뒤처진 자리에 두라.

謝事當謝於正盛之時. 居身宜居於獨後之地.
사 사 당 사 어 정 성 지 시   거 신 의 거 어 독 후 지 지

해설

　일에서 물러서는 것은 한창 왕성한 때에 해야 합니다. 자신의 마음에도
부족함이 없고 남들도 애석하게 생각하는 때가 가장 적절한 시기입니다.
쇠퇴하거나 실패했을 때 마지못해 물러난다면 행색이 초라하고 위신이
손상될 것입니다. 몸 둘 곳은 남이 원하지 않는 낮은 자리가 좋습니다. 거
기에는 시기하거나 다투는 사람이 없으므로 항상 안전하고 마음에 여유
가 있을 것입니다.

🪴 작은 일에 힘쓰고, 돌려받지 못할 곳에 베풀라

덕을 삼가려면
모름지기 아주 작은 일에도 삼가고,
은혜를 베풀 때는
갚지 못할 사람에게 힘써 베풀라.

謹德須謹於至微之事, 施恩務施於不報之人
근 덕 수 근 어 지 미 지 사   시 은 무 시 어 불 보 지 인

🌵 무엇이 더 나을까

저자의 사람을 사귀는 것은
산골 늙은이를 사귀는 것만 못하고,
고관의 집에 가서 굽실거리는 것은
오두막에 안주하는 것만 못하며,
거리에 떠도는 말을 듣는 것은
나무꾼과 목동의 노래를 듣는 것만 못하고,
오늘날 사람들의 부덕과 그릇된 행실을 말하는 것은
옛사람의 바른 말과 아름다운 행실을 이야기하는 것만 못하다.

交市人, 不如友山翁; 謁朱門, 不如親白屋; 聽街談巷語,
교 시 인 불 여 우 산 옹 알 주 문 불 여 친 백 옥 청 가 담 항 어

不如聞樵歌牧詠; 談今人失德過擧, 不如述古人嘉言懿行.
불 여 문 초 가 목 영 담 금 인 실 덕 과 거 불 여 술 고 인 가 언 의 행

해설

눈만 뜨면 이익을 추구하는 데 골몰하는 저자의 사람보다는 소박한 산
골의 늙은이를 사귀는 것이 좋고, 권문세가에 드나들면서 굽실거리기보
다는 청빈한 선비와 친한 것이 낫습니다. 거리의 뜬소문은 믿을 것이 못
되고 마음을 어지럽히기 쉬우니 차라리 나무꾼이나 소 치는 아이의 진정
에서 우러나는 노랫소리를 듣는 편이 좋습니다. 그리고 남의 허물을 들추
어서 말하기보다는 옛사람의 아름다운 말과 맑은 행실을 논하여, 서로 선
의 길로 권면하며 교양을 쌓는 편이 차라리 낫다는 것입니다.

🌱 덕은 만사의 기초

덕은 모든 사업의 기초가 되니,
기초가 튼튼하지 못한 집이
오래가는 일은 일찍이 없었다.

德者事業之基, 未有基不固而棟宇堅久者.
덕 자 사 업 지 기 미 유 기 불 고 이 동 우 견 구 자

🌱 마음은 자손의 뿌리

마음은 자손의 뿌리이니,
뿌리를 제대로 내리지 않고서
가지와 잎이 무성한 일은 일찍이 없었다.

心者後裔之根, 未有根不植而枝葉榮茂者.
심 자 후 예 지 근 미 유 근 불 식 이 지 엽 영 무 자

해설

　나무의 뿌리가 제대로 심어져야 가지와 잎이 무성한 것처럼 사람도 착한 마음을 후손에게 심어 주어야 그 자손이 번영을 누리고, 그렇지 못하면 쇠퇴합니다. 덕을 쌓은 집이라야 오래도록 번영하니, 착한 마음을 가지고 덕을 쌓는 데 힘써야 합니다.

🪴 학문하는 사람이 새겨야 할 말

옛사람이 말하기를, "자기 집의 무한한 보물을 내버려두고 밥그릇을 들고 남의 집 대문을 기웃거리며 거지처럼 구걸하고 있구나." 하였고, 또 말하기를 "벼락부자여, 일장춘몽 같은 부귀를 자랑하지 마라. 어느 집인들 아궁이에 불 때면 연기가 없겠는가?"라고 하였다.

앞의 말은 가지고 있으면서도 깨닫지 못하는 어리석음을 경계한 것이고, 뒤의 말은 일시적으로 가진 것을 자랑함을 경계하는 것이니, 학문하는 사람이 새겨야 할 격언이라 하겠다.

前人云: "抛却自家無盡藏, 沿門持鉢效貧兒."
전 인 운   포 각 자 가 무 진 장   연 문 지 발 효 빈 아
又云: "暴富貧兒休說夢, 誰家竈裡火無烟?" 一箴自昧所有,
우 운   폭 부 빈 아 휴 설 몽   수 가 조 리 화 무 연   일 잠 자 매 소 유
一箴自誇所有, 可爲學問切戒.
일 잠 자 과 소 유   가 위 학 문 절 계

🪴 매일 밥을 먹듯 학문에 힘쓰라

도는 만인의 것이니
마땅히 사람마다 이끌어 지키도록 할 것이요,
학문은 늘 먹는 밥과 같은 것이니,
마땅히 일마다 깨우치고 삼가야 할 것이다.

道是一重公衆物事, 當隨人而接引. 學是一個尋常家飯,
도 시 일 중 공 중 물 사 당 수 인 이 접 인   학 시 일 개 심 상 가 반

當隨事而警惕.
당 수 사 이 경 척

해설

　도덕은 성인군자만이 행하는 것이 아니라 누구나 지키며 행해야 하는
것입니다. 학문은 장소와 시간을 정해 놓고 하는 것이 아니라 일상생활에
서 갈고닦아야 더욱 발전할 수 있습니다.

🌱 진실한 자 남을 의심하지 않고, 속이는 자 남을 믿지 않는다

다른 사람을 믿는 것은
그 사람이 진실해서가 아니라 자신이 진실하기 때문이다.
다른 사람을 의심하는 것은
그 사람이 속여서가 아니라 자신이 먼저 속이기 때문이다.

信人者, 人未必盡誠, 己則獨誠矣; 疑人者, 人未必皆詐,
신 인 자 인 미 필 진 성   기 즉 독 성 의   의 인 자   인 미 필 개 사

己則先詐矣.
기 즉 선 사 의

봄바람처럼 너그럽게

마음이 너그럽고 후한 사람은
마치 봄바람이 따뜻하게 길러 주는 것처럼
만물의 생기를 충만하게 하고,
마음에 의심이 많고 각박한 사람은
마치 겨울의 찬바람이 얼어붙게 하는 것처럼
만물이 이를 만나면 생기를 잃어버린다.

念頭寬厚的, 如春風煦育, 萬物遭之而生; 念頭忌刻的,
염 두 관 후 적   여 춘 풍 후 육   만 물 조 지 이 생   염 두 기 각 적

如朔雪陰凝, 萬物遭之而死.
여 삭 설 음 응   만 물 조 지 이 사

🌱 선악은 드러나게 마련

착한 일을 했을 때 그 이로움은 당장 드러나지 않지만
마치 풀 속에 난 동과처럼
남모르는 사이에 절로 자라나며,
악한 일을 했을 때 그 해로움은 당장 드러나지 않지만
마치 앞뜰의 봄눈처럼
모르는 사이에 반드시 스스로 스러지게 될 것이다.

爲善不見其益, 如草裡東瓜, 自應暗長; 爲惡不見其損,
위 선 불 견 기 익 여 초 리 동 과 자 응 암 장 위 악 불 견 기 손
如庭前春雪, 當必潛消.
여 정 전 춘 설 당 필 잠 소

🌱 옛 친구를 만나거든

옛 친구를 만나거든 의기를 더욱 새롭게 해야 하며,
은밀한 일을 당해서는 마음가짐을 더욱 뚜렷이 드러내야 하고,
쇠락한 사람을 대하거든 은덕과 예우를 더욱 융숭하게 해야 한다.

遇故舊之交, 意氣要愈新; 處隱微之事, 心迹宜愈顯; 待衰朽之人,
우 고 구 지 교 의 기 요 유 신 처 은 미 지 사 심 적 의 유 현 대 쇠 후 지 인
恩禮當愈隆.
은 례 당 유 륭

🌵 검소함으로 인색함을 감추지 말라

부지런함이란 도덕과 의리에 민첩한 것을 말하는데
세상 사람들은 부지런함을 빌어서 자신의 가난을 건지고 있다.
검소함이란 재물과 이권을 탐하지 않는 것을 말하는데
세상 사람들은 검소함을 빌어서 자신의 인색함을 꾸미고 있다.
군자의 수양법이
도리어 소인의 사리를 꾀하는 방편이 되고 말았으니
애석한 일이로다!

勤者敏於德義, 而世人借勤而濟其貧; 儉者淡於貨利,
근 자 민 어 덕 의   이 세 인 차 근 이 제 기 빈   검 자 담 어 화 리

而世人假儉以飾其吝. 君子持身之符, 反爲小人營私之具矣. 惜哉.
이 세 인 가 검 이 식 기 린   군 자 지 신 지 부   반 위 소 인 영 사 지 구 의   석 재

🪴 즉흥적인 일과 생각은 오래갈 수 없으니

마음 내키는 대로 시작한 일은
시작하자마자 곧 멈추게 되니,
어찌 뒤로 물러서지 않는 수레바퀴가 되겠는가.
일시적인 감정에 의해 깨달은 것은
깨닫자마자 곧 흐려지게 되니,
영구히 빛나는 등불은 되지 못한다.

憑意興作爲者, 隨作則隨止, 豈是不退之輪; 從情識解悟者,
빙 의 흥 작 위 자   수 작 즉 수 지   기 시 불 퇴 지 륜   종 정 식 해 오 자
有悟則有迷, 終非常明之燈.
유 오 즉 유 미   종 비 상 명 지 등

해설

충분히 생각하고 계획을 면밀하게 세운 뒤 일에 착수해야 쉬지 않
고 굴러가는 수레바퀴처럼 일이 순조롭게 잘 진행되는 법입니다. 일
시적인 생각에서 시작한 일은 오래가기 어렵고, 순간적인 감정에서
얻은 지혜는 깨달은 듯 느껴지나 곧 혼미해져 마음을 환히 비추는
등불이 되지 못합니다.

🌱 나의 곤욕은 참아도 남의 곤욕은 참지 말라

남의 허물은 마땅히 용서해야 하지만
나의 허물은 용서해서는 안 된다.
나의 곤궁과 굴욕은 마땅히 참아야 하지만
남의 곤궁과 굴욕은 참아서는 안 된다.

人之過誤宜恕, 而在己則不可恕; 己之困辱當忍, 而在人則不可忍.
인 지 과 오 의 서   이 재 기 즉 불 가 서   기 지 곤 욕 당 인   이 재 인 즉 불 가 인

🌱 진실로 청렴한 사람

능히 세속에서 벗어날 수 있는 사람이 바로 기인이다.
애써서 기행을 숭상하는 자는 기인이 아니라 괴이한 사람이다.
세속의 더러움에 섞이지 않는 사람이 바로 청렴한 사람이다.
세속과 인연을 끊고 청렴을 구하는 자는
청렴한 것이 아니라 과격한 사람에 지나지 않는다.

能脫俗便是奇, 作意尙奇者, 不爲奇而爲異; 不合汚便是淸,
능 탈 속 변 시 기   작 의 상 기 자   불 위 기 이 위 이   불 합 오 변 시 청
絶俗求淸者, 不爲淸而爲激.
절 속 구 청 자   불 위 청 이 위 격

🌱 박함에서 두터움으로, 엄격함에서 너그러움으로

은혜는 박함에서 두터움으로 나아가야 하니,
먼저 두텁고 뒤에 박하면 사람들은 그 은혜를 잊는다.
위엄은 마땅히 엄격함에서 너그러움으로 나아가야 하니,
먼저 너그럽고 뒤에 엄하면 사람들은 그 혹독함을 원망한다.

恩宜自淡而濃, 先濃後淡者, 人忘其惠; 威宜自嚴而寬,
은 의 자 담 이 농   선 농 후 담 자   인 망 기 혜   위 의 자 엄 이 관
先寬後嚴者, 人怨其酷.
선 관 후 엄 자   인 원 기 혹

🌱 마음을 비워야 본질이 보인다

마음속에 잡념이 없어야 자기의 본성이 드러나니,
잡념을 끊지 않고 본성을 보려 하는 것은
물살을 헤쳐서 달을 찾으려는 것과 같다.
뜻이 깨끗하면 마음이 맑아지니,
뜻을 명확히 알지 못하고 마음이 맑기를 구하는 것은
깨끗한 거울을 바라면서 거울에 먼지를 덧씌우는 것과 같다.

心虛則性現, 不息心而求見性, 如撥波覓月; 意淨則心清,
심 허 즉 성 현   불 식 심 이 구 견 성   여 발 파 멱 월   의 정 즉 심 청
不了意而求明心, 如索鏡增塵.
불 료 의 이 구 명 심   여 색 경 증 진

🌵 내 자리와 나를 구분하라

내가 높은 자리에 있을 때 사람들이 나를 받드는 것은
내 몸에 걸친 높은 관과 큰 띠를 받드는 것이요,
내가 비천한 자리에 있을 때 사람들이 나를 업신여기는 것은
내 몸에 걸친 베옷과 짚신을 업신여기는 것이다.
그렇다면 본래의 나 자신을 받드는 것이 아니니
내가 무엇을 기뻐할 것이며,
본래의 나 자신을 업신여기는 것이 아니니
내가 무엇을 노여워하겠는가.

我貴而人奉之, 奉此峨冠大帶也; 我賤而人侮之, 侮此布衣草履也.
아 귀 이 인 봉 지 봉 차 아 관 대 대 야 아 천 이 인 모 지 모 차 포 의 초 리 야
然則原非奉我, 我胡爲喜? 原非侮我, 我胡爲怒?
연 즉 원 비 봉 아 아 호 위 희   원 비 모 아 아 호 위 노

🌵 모든 생명을 귀히 여기는 마음

'쥐를 위해 늘 밥을 남겨 두고
불나방을 가엾게 여겨 등불을 켜지 않는다'고 하였으니,
옛사람의 이와 같은 마음이
바로 우리 인생이 나고 자라는 한 점의 기틀인 것이다.
이런 마음이 없다면
사람도 흙이나 나무와 같은 형체에 지나지 않을 것이다.

'爲鼠常留飯, 憐蛾不點燈', 古人此等念頭, 是吾人一點生生之機.
　위 서 상 류 반 　연 아 부 점 등 　　고 인 차 등 념 두 　시 오 인 일 점 생 생 지 기
無此, 便所謂土木形骸而已.
무 차 　변 소 위 토 목 형 해 이 이

🌱 인간의 마음은 우주와 같아서

마음의 본체가 곧 하늘의 본체이다.

한순간의 즐거운 마음은 상서로운 별과 구름이고,

한순간의 성낸 마음은 사나운 우레와 폭우이며,

한순간의 자비로운 마음은 따뜻한 바람과 달콤한 이슬이고,

한순간의 엄격한 마음은 뜨거운 태양과 찬 서리이니,

어느 것인들 없을 수 있겠는가?

다만 이러한 감정들이 때와 상황에 따라 일어났다가 사라져

시원스럽고 거리낌이 없어야 하늘과 하나가 되는 것이다.

心體便是天體. 一念之喜, 景星慶雲; 一念之怒, 震雷暴雨;
심 체 변 시 천 체   일 념 지 희   경 성 경 운   일 념 지 노   진 뢰 폭 우

一念之慈, 和風甘露; 一念之嚴, 烈日秋霜; 何者少得,
일 념 지 자   화 풍 감 로   일 념 지 엄   열 일 추 상   하 자 소 득

只要隨起隨滅, 廓然無碍, 便與太虛同體.
지 요 수 기 수 멸   확 연 무 애   변 여 태 허 동 체

🪴 고요한 가운데 밝고, 밝은 가운데 고요하라

일이 없을 때는
마음이 어두워지기 쉬우니
마땅히 고요한 가운데 밝게 비춰야 하고,
일이 있을 때는
마음이 흩어지기 쉬우니
마땅히 밝은 가운데 고요함을 지켜야 한다.

無事時, 心易昏冥, 宜寂寂而照以惺惺; 有事時, 心易奔逸,
무 사 시 심 이 혼 명 의 적 적 이 조 이 성 성 유 사 시 심 이 분 일

宜惺惺而主以寂寂.
의 성 성 이 주 이 적 적

🌵 자신을 일의 밖에 둘 때, 일 가운데에 둘 때

일을 논의하는 사람은
자신을 일의 밖에 두어
마땅히 이해의 실정을 알아야 하고,
일을 맡은 사람은
자신을 일의 가운데에 두어
마땅히 이해에 대한 생각을 잊어야 한다.

議事者, 身在事外, 宜悉利害之情; 任事者, 身居事中,
의 사 자   신 재 사 외   의 실 리 해 지 정   임 사 자   신 거 사 중

當忘利害之慮.
당 망 리 해 지 려

🎣 해설

남의 일에 대해 의논 상대가 되는 사람은 일단 제3자의 입장에 서서 객관적이고 종합적으로 냉정하게 그 일을 생각하고 살펴야 합니다. 반면 직접적인 당사자가 되었을 때는 이해관계에 사로잡히지 말고 오직 그 일에 몰두해서 성취해 내야 합니다.

🪴 높은 자리에 올랐을 때

선비는 권세 있고 높은 자리에 있을 때
몸가짐과 행실이 엄격하고 분명해야 하고
마음과 기운은 온화하고 부드러워야 한다.
조금이라도 방종하여 아첨하는 무리를 가까이해서는 안 되고,
또한 지나치게 격분하여 악랄한 소인배들을 건드려서도 안 된다.

士君子處權門要路, 操履要嚴明, 心氣要和易,
사군자처권문요로　조리요엄명　심기요화이
毋少隨而近腥羶之黨, 亦毋過激而犯蜂蠆之毒.
무소수이근성전지당　역무과격이범봉채지독

🌵 몸을 지키는 보배

절개와 의리를 내세우는 사람은
절개와 의리 때문에 비난을 받고,
도덕과 학문을 내세우는 사람은
도덕과 학문 때문에 원망을 듣는다.
그러므로 군자는 악한 일을 가까이하지 않을 뿐 아니라
자기의 명성도 내세우지 않으니,
오직 원만한 화기만이
몸을 보전하는 보배가 된다.

標節義者, 必以節義受謗; 榜道學者, 常因道學招尤.
표 절 의 자　필 이 절 의 수 방　방 도 학 자　상 인 도 학 초 우

故君子不近惡事, 亦不立善名, 只渾然和氣, 纔是居身之珍.
고 군 자 불 근 악 사　역 불 립 선 명　지 혼 연 화 기　재 시 거 신 지 진

🪴 속이려는 사람은 진심으로, 난폭한 사람은 온화함으로

속이려는 사람을 만나거든

진실한 마음으로 그를 감동시키고,

난폭한 사람을 만나거든

부드러운 기운으로 그를 감화시키며,

마음이 비뚤어져 사욕만을 탐하는 사람을 만나거든

대의명분과 기개 있는 절조로 그를 격려해야 한다.

그렇게 하면 이 세상에서 나의 도야 속으로 들어오지 않을 사람이

없을 것이다.

遇欺詐的人, 以誠心感動之; 遇暴戾的人, 以和氣薰蒸之;
우 기 사 적 인   이 성 심 감 동 지   우 폭 려 적 인   이 화 기 훈 증 지

遇傾邪私曲的人, 以名義氣節激勵之; 天下無不入我陶冶中矣.
우 경 사 사 곡 적 인   이 명 의 기 절 격 려 지   천 하 무 불 입 아 도 야 중 의

🌵 자비로운 마음, 결백한 마음

한결같이 자비로운 마음은
천지간에 화평한 기운을 빚어낼 것이요,
한 가닥의 결백한 마음은
향기로운 이름을 백대에 밝게 드리울 것이다.

一念慈祥, 可以醞釀兩間和氣; 寸心潔白, 可以昭垂百代淸芬.
일 념 자 상 가 이 온 양 량 간 화 기 촌 심 결 백 가 이 소 수 백 대 청 분

🌵 덕행만이 화평을 부른다

음흉한 계략, 괴상한 버릇, 이상한 행동, 기이한 능력은
모두 세상을 살아가는 데 재앙을 부르는 씨앗이 된다.
오직 평범한 덕행만이
본성을 온전히 하여 화평을 부를 수 있는 것이다.

陰謀怪習, 異行奇能, 俱是涉世的禍胎. 只一個庸德庸行,
음 모 괴 습 이 행 기 능 구 시 섭 세 적 화 태 지 일 개 용 덕 용 행
便可以完混沌而召平和.
변 가 이 완 혼 돈 이 소 평 화

🪴 견뎌서 건너지 못할 곳은 없다

옛말에 이르기를 "산을 오를 때는 비탈길을 견디고,
눈을 밟을 때는 위태로운 다리를 견뎌야 한다."라고 했으니
이 '견딜 내耐' 자에 깊은 의미가 있다.
만약 비뚤어진 험한 인정과 순탄치 못한 세상 길에서
이 '내耐' 자 하나를 붙잡고 버티지 못한다면
어찌 가시덤불과 구덩이에 빠지지 않겠는가.

語云: "登山耐側路, 踏雪耐危橋." 一耐字極有意味.
어 운   등산내측로   답설내위교   일내자극유의미
如傾險之人情, 坎坷之世道, 若不得一耐字撑持過去,
여 경 험 지 인 정   감 가 지 세 도   약 부 득 일 내 자 탱 지 과 거
幾何不墮入榛莽坑塹哉.
기 하 불 타 입 진 망 갱 참 재

🪴 공과 지식을 뽐내지 말라

공적을 과시하고 문장을 자랑하는 것은
그들이 외물에 기대어 이루어진 사람이기 때문이다.
마음의 본체가 밝아 그 본래의 모습을 잃지 않으면
비록 한 치의 공적이나 한 글자의 문장이 없다 해도
스스로 정정당당한 사람이 됨을 알지 못하는 것이다.

誇逞功業, 炫耀文章, 皆是靠外物做人. 不知心體瑩然, 本來不失,
과 령 공업 현 요 문 장 개 시 고 외 물 주 인 부 지 심 체 형 연 본 래 부 실
卽無寸功隻字, 亦自有堂堂正正做人處.
즉 무 촌 공 척 자 역 자 유 당 당 정 정 주 인 처

🌱 마음의 중심을 미리 잡아 두면

바쁜 가운데서 한가로움을 얻으려면
먼저 한가한 때에 그 마음의 자루를 찾아들 것이요,
시끄러운 때에 고요함을 취하려면
먼저 고요한 때에 그 중심을 세워 두라.
그렇지 않으면 경우에 따라 움직이고
일에 따라 흔들리지 않을 수 없다.

忙裡要偸閒, 須先向閒時討個把柄; 鬧中要取靜,
망 리 요 투 한   수 선 향 한 시 토 개 파 병   요 중 요 취 정

須先從靜處立個主宰; 不然, 未有不因境而遷, 隨事而靡者.
수 선 종 정 처 립 개 주 재   불 연   미 유 불 인 경 이 천   수 사 이 미 자

해설

바쁘면서도 한가로울 수 있는 경지에 이른 사람은 정신적으로 자유롭습니다. 그렇게 되려면 평소 마음의 본체를 직관해서 체득해 두지 않으면 안 됩니다. 외부 환경이나 사물에 따라서 마음이 이리저리 흔들린다면 마음의 주체성을 상실하고 내 마음이 있어야 할 참된 장소를 잃어버린 것입니다.

🪴 나와 세상을 평안하게 하는 세 가지 방법

내 마음을 어둡게 하지 않고
남을 야박하게 대하지 않으며
재물을 낭비하지 말라.
이 세 가지는 세상에 내 마음을 확고하게 세우는 길이고,
뭇사람의 생활을 평안하게 해주는 것이며,
자손을 위해 복을 쌓는 일이다.

不昧己心, 不盡人情, 不竭物力; 三者可以爲天地立心,
불 매 기 심 부 진 인 정 불 갈 물 력 삼 자 가 이 위 천 지 립 심
爲生民立命, 爲子孫造福.
위 생 민 립 명 위 자 손 조 복

🌵 명심해야 할 두 마디 말

관직에 있는 사람이 명심해야 할 두 마디 말이 있으니,
"오직 공정하면 밝은 지혜가 생기고,
오직 청렴하면 위엄이 생긴다."는 것이다.
가정을 꾸리는 사람이 명심해야 할 두 마디 말이 있으니,
"오직 용서하면 불평이 없고,
오직 검소하면 쓰임이 넉넉하다."는 것이다.

居官有二語, 曰: "惟公則生明, 惟廉則生威." 居家有二語,
거 관 유 이 어 왈   유 공 즉 생 명 유 렴 즉 생 위   거 가 유 이 어
曰: "惟恕則情平, 惟儉則用足."
왈   유 서 즉 정 평 유 검 즉 용 족

🌵 부귀할 때는, 젊을 때는

부귀한 자리에 있을 때는
마땅히 가난하고 천한 사람의 고통을 알아야 하고,
젊을 때는
모름지기 늙고 쇠약한 사람의 고달픔을 생각해야 한다.

處富貴之地, 要知貧賤的痛痒; 當少壯之時, 須念衰老的辛酸.
처 부 귀 지 지 요 지 빈 천 적 통 양 당 소 장 지 시 수 념 쇠 로 적 신 산

🪴 지나친 결백함은 해가 된다

몸가짐은 너무 깨끗하게 해서는 안 되며,
온갖 욕됨과 때 묻음을 용납할 수 있어야 한다.
남과 사귐을 너무 분명하게 해서는 안 되며,
선악, 지혜로움과 어리석음을 모두 받아들일 수 있어야 한다.

持身不可太皎潔, 一切汚辱坵穢, 要茹納得; 與人不可太分明,
지 신 불 가 태 교 결 일 체 오 욕 구 예 요 여 납 득 여 인 불 가 태 분 명
一切善惡賢愚, 要包容得.
일 체 선 악 현 우 요 포 용 득

🪴 소인과 원수 맺지 말라

소인과 원수를 맺지 말라.
소인은 그에게 걸맞은 적수가 있는 것이다.
군자에게 아첨하지 말라.
군자는 원래 사사로운 은혜를 베풀지 않는 것이다.

休與小人仇讐, 小人自有對頭; 休向君子諂媚, 君子原無私惠.
휴 여 소 인 구 수 소 인 자 유 대 두 휴 향 군 자 첨 미 군 자 원 무 사 혜

고칠 수 있는 것과 고칠 수 없는 것

욕심에 얽매인 병은 고칠 수 있지만
이론에 집착하는 병은 고치기 힘들고,
사물에 의한 막힘은 없앨 수 있지만
의리에 의한 막힘은 없애기 힘들다.

縱欲之病可醫, 而執理之病難醫; 事物之障可除, 而義理之障難除.
종 욕 지 병 가 의   이 집 리 지 병 난 의   사 물 지 장 가 제   이 의 리 지 장 난 제

해설

　욕심을 부리는 병은 고칠 수 있어도 자기 견해만 옳다고 우기는 고집은
고치기 어렵습니다. 또 물질에 얽매인 마음의 장애물은 제거할 수 있어도
정신적 의리에 얽매인 장애물은 좀처럼 제거하기 힘듭니다. 즉 물질적인
병폐보다 정신적인 병폐가 더 고치기 어려움을 말하고 있습니다.

🌱 쇠를 단련하는 것처럼, 돌 활을 쏘는 것처럼

갈고닦음에 있어서는
마땅히 백 번을 단련한 쇠와 같아야 하니,
급히 이룬 것은 깊은 수양이 아니다.
일을 추진함에 있어서는
마땅히 천 균이나 되는 돌 활과 같아야 하니,
가벼이 쏘면 큰 공이 없다.

磨礪當如百煉之金, 急就者, 非邃養; 施爲宜似千鈞之弩,
마 려 당 여 백 련 지 금   급 취 자   비 수 양   시 위 의 사 천 균 지 노

輕發者, 無宏功.
경 발 자   무 굉 공

해설

심신 수양은 쇠를 단련하는 것처럼 반복해서 해야 하며, 성취하는 데만
급급하면 깊은 수양을 할 수 없습니다. 일을 추진할 때는 아주 무겁고 큰
쇠뇌를 당기듯 신중해야 하니, 대충대충 경솔하게 행동하는 사람은 큰 공
적을 이룰 수 없습니다.

🪴 비난받을지언정 아첨은 듣지 말라

차라리 소인에게 미움과 비난을 받을지언정
소인들이 아첨하고 좋아하는 대상이 되지 말라.
차라리 군자에게 꾸짖음을 당하고 일깨워질지언정
군자가 감싸고 용서하는 사람은 되지 말라.

寧爲小人所忌毀, 毋爲小人所媚悅; 寧爲君子所責修,
영 위 소 인 소 기 훼   무 위 소 인 소 미 열   영 위 군 자 소 책 수

毋爲君子所包容.
무 위 군 자 소 포 용

🌱 이익을 밝히는 자, 명성을 좇는 자

이욕을 좋아하는 자는
애초부터 도의 밖에 벗어나 있으니
그 해독이 나타나되 얕고,
명성을 좋아하는 자는
도의 안에 숨어들었으니
그 해독이 드러나지 않되 깊은 것이다.

好利者, 逸出於道義之外, 其害顯而淺; 好名者, 竄入於道義之中,
호 리 자 일 출 어 도 의 지 외 기 해 현 이 천 호 명 자 찬 입 어 도 의 지 중
其害隱而深.
기 해 은 이 심

 해설

　이익을 좋아하는 사람은 애초부터 도의의 밖으로 벗어나 있으니, 그 폐
해가 분명히 드러나 깊지는 않습니다. 명예를 좋아하는 사람은 겉으로
는 도덕군자인 체 행동하면서 암암리에 온갖 불의를 행하니, 잘 드러나지
않지만 그 폐해가 심하기 그지없습니다.

🌵 은혜는 안 갚아도 원한은 갚는다

남한테서 받은 은혜는 깊어도 갚지 않으면서,
원망은 얕아도 보복한다.
남이 악하다는 이야기를 들으면
비록 뚜렷하지 않아도 의심하지 않으면서
착하다는 이야기는 뚜렷해도 의심한다.
이것이야말로 각박의 극단이요,
경박의 극치니 반드시 경계해야 한다.

受人之恩, 雖深不報, 怨則淺亦報之; 聞人之惡, 雖隱不疑,
수 인 지 은 수 심 불 보   원 즉 천 역 보 지   문 인 지 악   수 은 불 의
善則顯亦疑之. 此刻之極, 薄之尤也, 宜切戒之.
선 즉 현 역 의 지   차 각 지 극   박 지 우 야   의 절 계 지

해설

　남에게서 받은 큰 은혜는 갚을 생각도 하지 않으면서, 원한은 조금만
있어도 보복하려고 합니다. 또한 남의 잘못은 분명하지 않은 것도 그대로
받아들이면서 남의 선행은 분명해도 부정해 버립니다. 이는 극히 각박한
행위이므로 깊이 경계해야 합니다. 은혜는 갚아야 하고, 원한은 잊어야
하며, 선과 악은 분명히 가려야 합니다.

헐뜯는 이보다 아첨하는 이를 조심하라

비방하고 헐뜯는 사람은
한 조각의 구름이 해를 가리는 것과 같아서
오래지 않아 저절로 밝아진다.
아양을 떨고 아첨하는 사람은
틈새로 들어오는 바람이 살갗에 스며듦과 같아서
그 해로움을 깨닫지 못한다.

讒夫毁士, 如寸雲蔽日, 不久自明; 媚子阿人, 似隙風侵肌,
참 부 훼 사   여 촌 운 폐 일   불 구 자 명   미 자 아 인   사 극 풍 침 기
不覺其損.
불 각 기 손

🪴 높고 험한 산에서는 나무가 자라지 못하니

높고 험한 산에서는 나무가 자라지 못하나
골짜기에는 초목이 무성하다.
물살이 센 곳에는 고기가 없지만
깊고 고요한 연못에는 물고기와 자라가 모여든다.
그러한 까닭에 군자는
지나치게 고상한 태도와 좁고 급한 마음을 경계해야 한다.

山之高峻處無木, 而谿谷廻環則草木叢生; 水之湍急處無魚,
산 지 고 준 처 무 목　이 계 곡 회 환 즉 초 목 총 생　수 지 단 급 처 무 어

而淵潭停蓄則魚鼈聚集. 此高絶之行, 褊急之衷, 君子重有戒焉.
이 연 담 정 축 즉 어 별 취 집　차 고 절 지 행　편 급 지 충　군 자 중 유 계 언

🪴 완고함보다 유연함

공로와 업적을 이루는 사람은
대체로 겸허하고 원만한 선비요,
일을 그르치고 기회를 놓치는 사람은
반드시 앞뒤가 꽉 막힌 고집불통이다.

建功立業者, 多虛圓之士; 僨事失機者, 必執拗之人.
건 공 립 업 자　다 허 원 지 사　분 사 실 기 자　필 집 요 지 인

🔖 해설

　　허심탄회하게 남의 말을 받아들이고, 대인관계가 원만해야 공을 세우
고 성공할 수 있습니다. 자기 생각만을 옳다고 주장하고 융통성이 없는
사람은 반드시 실패하기 마련이지요. 또한 다른 사람의 의견을 다양하게
듣는 것도 좋지만, 반드시 옳고 그름을 판단하여 바른말만을 받아들여야
합니다.

🪴 휩쓸리지도 담쌓지도 말라

처세를 할 때 마땅히 세속과 같게 해서도 안 되며,
또한 세속과 다르게 해서도 안 된다.
일을 할 때 마땅히 사람들이 싫어하게 해서도 안 되고,
또한 사람들을 기쁘게 해서도 안 된다.

處世不宜與俗同, 亦不宜與俗異; 作事不宜令人厭, 亦不宜令人喜.
처 세 불 의 여 속 동   역 불 의 여 속 이   작 사 불 의 령 인 염   역 불 의 령 인 희

해설

　세상을 살아가면서 세속에 휩쓸려서도 안 되지만 그렇다고 세속과 너
무 담을 쌓아도 안 됩니다. 일을 추진할 때는 남들의 미움을 받아서도 안
되지만 그렇다고 남들의 비위를 너무 맞추려 해서도 안 됩니다.

날 저물 때 노을이 아름답고 해 저물 때 귤 향기가 더욱 그윽하니

날이 저물어 갈 때 노을은 오히려 아름다우며,
한 해가 저물어 갈 때 귤 향기가 한층 향기롭다.
그러므로 군자는 인생의 말년에
정신을 백배 가다듬어 가야 한다.

日旣暮而猶烟霞絢爛, 歲將晚而更橙橘芳馨. 故末路晚年,
일 기 모 이 유 연 하 현 란   세 장 만 이 갱 등 귤 방 형   고 말 로 만 년
君子更宜精神百倍.
군 자 갱 의 정 신 백 배

해설

긴 인생을 보면 젊은 시절도 중요하지만 삶을 마무리하는 말년이 더욱
중요합니다. 인생의 황혼을 아름답게 장식함으로써 젊은 시절의 성취를
더욱 굳건히 하는 동시에 실수나 실패에 대해서도 명예를 회복하도록 해
야 합니다. 하루해가 저물 무렵의 저녁노을이 아름답고, 한 해가 저물어
가는 가을철의 과실이 향기로운 것처럼 노년을 맞이하는 자세를 고민할
필요가 있습니다.

🪴 매는 조는 듯 서 있고 호랑이는 병든 듯 걷는다

매는 조는 듯 서 있고 범은 병든 듯 걸으니
이것이 곧 사람을 움켜잡고 물어뜯는 수단이다.
그러므로 군자는 총명을 드러내지도 말고
재주를 나타내지도 말아야 하니,
이것이 비로소 큰일을 짊어질 역량인 것이다.

鷹立如睡, 虎行似病, 正是他攫人噬人手段處. 故君子要聰明不露,
응 립 여 수 호 행 사 병 정 시 타 확 인 서 인 수 단 처 고 군 자 요 총 명 불 로
才華不逞, 纔有肩鴻任鉅的力量.
재 화 불 령 재 유 견 홍 임 거 적 력 량

🪴 절약과 겸손에도 중용이 있다

검소와 절약은 아름다운 덕이지만
지나치면 인색하고 천박하여 도리어 올바른 도리를 해치게 된다.
겸손과 양보는 아름다운 행실이지만
지나치면 비굴함과 아부가 되어 꾸미는 마음이 드러나게 된다.

儉美德也, 過則爲慳吝, 爲鄙嗇, 反傷雅道; 讓懿行也, 過則爲足恭,
검 미 덕 야 과 즉 위 간 린 위 비 색 반 상 아 도 양 의 행 야 과 즉 위 주 공
爲曲謹, 多出機心.
위 곡 근 다 출 기 심

🌵 뜻대로 안 된다고 근심하지 말고, 뜻대로 잘된다고 기뻐하지 말라

일이 뜻대로 되지 않는다고 근심하지 말고,
생각대로 잘된다고 기뻐하지 말라.
오래도록 편안할 것이라고 믿지 말며,
처음에 어렵다고 꺼리지 말라.

毋憂拂意, 毋喜快心, 毋恃久安, 毋憚初難.
무 우 불 의 무 희 쾌 심 무 시 구 안 무 탄 초 난

🌵 지나친 공명심을 경계하라

술잔치의 즐거움이 잦으면 좋은 집안이라 할 수 없고,
명성을 떨치기를 원하면 훌륭한 선비라 할 수 없으며,
높은 벼슬에 대한 집념이 강하면 어진 신하라 할 수 없다.

飲宴之樂多, 不是個好人家; 聲華之習勝, 不是個好士子;
음 연 지 락 다 불 시 개 호 인 가 성 화 지 습 승 불 시 개 호 사 자
名位之念重, 不是個好臣士.
명 위 지 념 중 불 시 개 호 신 사

🌵 괴로움을 즐거움으로 바꾸는 비결

세상 사람들은 마음에 맞는 것으로 즐거움을 삼아서
즐거움을 좇는 마음 때문에 도리어 괴로운 곳에 있게 되고,
통달한 선비는 마음에 어긋나는 것으로도 즐거움을 삼기 때문에
마침내 괴로운 마음이 즐거움으로 바뀌게 된다.

世人以心肯處爲樂, 却被樂心引在苦處 ; 達士以心拂處爲樂,
세 인 이 심 긍 처 위 락   각 피 락 심 인 재 고 처   달 사 이 심 불 처 위 락
終爲苦心換得樂來.
종 위 고 심 환 득 락 래

🌵 넘칠 듯 말 듯, 부러질 듯 말 듯

모든 일이 만족할 만한 상태에 있는 사람은
물이 넘칠 듯 말 듯 하는 것과 같으니,
한 방울이라도 더하는 것을 깊이 삼가야 한다.
위험하고 절박한 상황에 있는 사람은
나무가 꺾일 듯 말 듯 하는 것과 같으니,
조금이라도 건드리는 것을 깊이 경계해야 한다.

居盈滿者, 如水之將溢未溢, 切忌再加一滴 ; 處危急者,
거 영 만 자   여 수 지 장 일 미 일   절 기 재 가 일 적   처 위 급 자
如木之將折未折, 切忌再加一搦.
여 목 지 장 절 미 절   절 기 재 가 일 닉

냉철하게 보고 듣고 생각하라

냉철한 눈으로 사람을 보고,
냉철한 귀로 말을 들으며,
냉철한 감정으로 생각을 주관하고,
냉철한 마음으로 도리를 생각해야 한다.

冷眼觀人, 冷耳聽語, 冷情當感, 冷心思理.
냉 안 관 인   냉 이 청 어   냉 정 당 감   냉 심 사 리

해설

어떤 선입관이나 감정에 사로잡혀서 누군가를 보고 그 말을 듣고 상황을 바라보면 제대로 이해하거나 판단할 수 없습니다. 되도록 냉정한 눈으로 사람을 관찰해야 그 사람의 인격과 기품을 판단할 수 있고, 냉정한 자세로 남의 말을 들어야 그 사람이 하는 말의 의미를 정확히 파악할 수 있습니다. 또 냉정한 감정으로 사물을 접해야 그 상황에 가장 합당한 정서를 느낄 수 있으며, 냉정한 마음으로 사물의 도리를 생각함으로써 시비와 선악을 올바로 판별할 수 있는 것입니다.

🌱 마음이 좁고 급하면 될 일도 안 된다

어진 사람은 마음이 너그럽고 넉넉하여
복이 두텁고 좋은 일도 오래가며,
하는 일마다 너그러운 기상을 이루게 된다.
비천한 사람은 마음이 좁고 급하여
복록이 박하고 은택도 짧으며,
하는 일마다 옹졸한 모양을 이루게 된다.

仁人心地寬舒, 便福厚而慶長, 事事成個寬舒氣象;
인 인 심 지 관 서 변 복 후 이 경 장   사 사 성 개 관 서 기 상
鄙夫念頭迫促, 便祿薄而澤短, 事事得個薄促規模.
비 부 념 두 박 촉   변 록 박 이 택 단   사 사 득 개 박 촉 규 모

🌵 사람을 대한 판단은 미뤄도 늦지 않다

남의 악을 듣더라도 바로 미워하지 말라.
참소하는 자의 분풀이가 아닐까 두렵다.
선하다는 말을 들을지라도 급하게 친해지지 말라.
간사한 자의 출세를 이끌어 주게 될까 두렵다.

聞惡不可就惡, 恐爲讒夫洩怒; 聞善不可急親, 恐引奸人進身.
문 악 불 가 취 오 공 위 참 부 설 노 문 선 불 가 급 친 공 인 간 인 진 신

 해설

어떤 사람의 나쁜 점을 듣게 되더라도 바로 미워해서는 안 됩니다. 그 사람을 헐뜯으려는 자가 분풀이로 지어낸 것일 수도 있기 때문입니다. 어떤 사람의 좋은 점을 듣게 되더라도 바로 가까이해서는 안 됩니다. 간사한 자들의 출셋길을 열어 줄 수도 있기 때문입니다.

🌵 심기가 평온하면 온갖 복이 모여든다

성격이 조급하고 마음이 거친 사람은
한 가지 일도 이루지 못하고,
마음이 부드럽고 기상이 평온한 사람은
온갖 복이 저절로 모여든다.

性燥心粗者, 一事無成; 心和氣平者, 百福自集.
성 조 심 조 자　일 사 무 성　심 화 기 평 자　백 복 자 집

🌵 사람을 부릴 때, 친구를 사귈 때

사람을 부릴 때는 너무 각박하게 대하지 말아야 한다.
너무 각박하면 열심히 일하려고 했던 사람이 떠나게 된다.
친구를 사귈 때는 함부로 사귀지 말아야 한다.
함부로 아무나 사귀다 보면 아첨하는 자들이 모여들게 된다.

用人不宜刻, 刻則思效者去; 交友不宜濫, 濫則貢諛者來.
용 인 불 의 각   각 즉 사 효 자 거   교 우 불 의 람   남 즉 공 유 자 래

해설

《송사宋史》에 '의심이 나면 쓰지 말고, 썼으면 의심하지 말라疑勿用 用勿疑'는 말이 있습니다. 사람을 일단 썼으면 의심치 말고 모든 것을 믿고 맡겨 자발적으로 일할 수 있도록 여건을 갖추어 주는 것이 중요합니다. 그러지 못하고 의심하면서 이것저것 간섭하면 모두 떠나 버리게 됩니다. 또 친구를 사귈 때는 그 사람의 됨됨이를 잘 파악하여 사귈 일이지, 마구 사귀다가는 큰 피해를 입을 수도 있습니다.

🌵 꽃밭에서는 눈을 들어 높이 보라

바람이 세차고 빗발이 사나운 곳에서는
다리를 튼튼히 세워야 하고,
꽃이 만발하고 능수버들이 아름다운 곳에서는
눈을 들어 높이 보아야 하며,
길이 위태롭고 험한 곳에서는
머리를 빨리 돌려야 한다.

風斜雨急處, 要立得脚定; 花濃柳艶處, 要着得眼高; 路危徑險處,
풍 사 우 급 처   요 립 득 각 정   화 농 유 염 처   요 착 득 안 고   노 위 경 험 처
要回得頭早.
요 회 득 두 조

🎣 해설

　비바람이 몰아치면 두 다리에 힘을 주고 버텨야 하듯, 어지러운 역경에
서는 정신을 가다듬어 침착하게 대응해야 합니다. 꽃향기가 짙고 버들이
아름다운 곳에서는 한눈팔기 쉬운 것처럼 음탕과 유흥에서 눈을 돌려 큰
목표를 향해 매진해야 합니다. 험하고 위태로운 길에서는 곧 발길을 돌려
야 하니 어물어물하다 보면 어려움에 깊이 빠지게 됩니다.

🌵 온화한 마음이 분쟁을 막고, 겸양의 덕이 질투를 막는다

절의가 있는 사람은 온화한 마음을 길러야
비로소 성내고 다투는 길을 열지 않을 것이며,
공명을 누리는 사람은 겸손하고 양보하는 덕을 지녀야
바야흐로 질투의 문을 열지 않게 된다.

節義之人濟以和衷, 纔不啓忿爭之路; 功名之士承以謙德,
절 의 지 인 제 이 화 충   재 불 계 분 쟁 지 로   공 명 지 사 승 이 겸 덕

方不開嫉妬之門.
방 불 개 질 투 지 문

🔖 해설

  절개와 의리를 지키는 사람은 지나치게 강직하여 남과 타협할 줄 모르기 쉬우니, 원만하고 온화한 마음을 지녀야 남과 다투는 길을 열지 않을 수 있습니다. 공적과 명예를 지닌 사람은 오만하고 잘난 척하기 쉬우니, 겸손한 마음을 지녀야 질투의 문을 열지 않게 될 것입니다.

🪴 지위에 따라 달라져야 할 자세

선비가 관직에 있을 때는
편지 한 장을 쓰더라도 절도가 있어야 하니,
사람들이 보기 어렵게 하여
요행의 단서를 방지해야 하기 때문이다.
벼슬자리에서 물러나 시골에 있을 때는
지나치게 고고한 자세를 취하지 말아야 하니,
사람들이 자주 찾아와
옛정을 돈독하게 나눌 수 있게끔 해야 하기 때문이다.

士大夫居官, 不可竿牘無節, 要使人難見, 以杜倖端;
사 대 부 거 관 불 가 간 독 무 절 요 사 인 난 견 이 두 행 단

居鄕, 不可崖岸太高, 要使人易見, 以敦舊好.
거 향 불 가 애 안 태 고 요 사 인 이 견 이 돈 구 호

윗사람도, 아랫사람도 두려워하라

대인을 두려워하지 않으면 안 되니,
대인을 두려워하면 방종한 마음이 없어진다.
백성도 또한 두려워하지 않으면 안 되니,
백성을 두려워하면 교만하고 횡포하다는 오명을 남기지 않을 것이다.

大人不可不畏, 畏大人則無放逸之心; 小民亦不可不畏,
대 인 불 가 불 외　외 대 인 즉 무 방 일 지 심　소 민 역 불 가 불 외

畏小民則無豪橫之名.
외 소 민 즉 무 호 횡 지 명

해설

학문과 덕행이 뛰어난 어진 사람 앞에서는 자연히 머리가 숙여지게 마련입니다. 대인을 두려워하고 공경하게 되면 스스로도 알지 못하는 사이에 감화를 받아 방종한 마음이 사라지게 됩니다. 또한 백성은 나라의 근본이므로 두려워해야 합니다. 백성을 두려워하는 마음이 있으면 호기를 부리거나 횡포를 부리지 못하게 됩니다.

🌵 힘들 땐 나보다 더한 이를 생각하라

일이 조금이라도 뜻대로 되지 않을 때는
나보다 못한 사람을 생각하라.
그러면 원망이 저절로 사라지게 될 것이다.
마음이 조금이라도 게을러질 때는
나보다 나은 사람을 생각하라.
그러면 정신이 저절로 분발하게 될 것이다.

事稍拂逆, 便思不如我的人, 則怨尤自消; 心稍怠荒,
사 초 불 역 변 사 불 여 아 적 인 즉 원 우 자 소 심 초 태 황
便思勝似我的人, 則精神自奮.
변 사 승 사 아 적 인 즉 정 신 자 분

🌵 들떠서 경거망동하지 말라

기쁨에 들떠 가벼이 승낙하지 말고,
술에 취해 화내지 말라.
유쾌함에 들떠 일을 많이 떠벌이지 말며,
고달프다고 해서 일의 마무리를 소홀히 하지 말라.

不可乘喜而輕諾, 不可因醉而生嗔, 不可乘快而多事,
불 가 승 희 이 경 락 불 가 인 취 이 생 진 불 가 승 쾌 이 다 사
不可因倦而鮮終.
불 가 인 권 이 선 종

🌵 깊은 경지에 이르면

글을 잘 읽는 사람은
글을 읽어 손이 춤추고 발이 뛰는 지경에 이르러야
바야흐로 통발과 올무에 떨어지지 않으며,
사물을 잘 관찰하는 사람은
사물을 관찰하여 마음과 정신이 융합하는 경지에 이르러야
바야흐로 바깥으로 나타난 형상에 얽매이지 않는다.

善讀書者, 要讀到手舞足蹈處, 方不落筌蹄; 善觀物者,
선 독 서 자 요 독 도 수 무 족 도 처 방 불 락 전 제 선 관 물 자
要觀到心融神洽時, 方不泥迹象.
요 관 도 심 융 신 흡 시 방 불 니 적 상

🔖 해설

　글을 읽는 사람은 그 글 속에서 참뜻을 터득해야만 비로소 형식에 그치는 것을 면할 수 있습니다. 예컨대 통발이나 올무 등 도구를 벌여 놓기만 하고 실제로 물고기나 토끼를 얻지 못하면 그것은 형식에 그칠 뿐 소득이 없습니다. 사람이 글을 읽어 참뜻을 터득했을 때는 춤이 절로 추어질 정도로 큰 기쁨을 느낍니다. 사물을 관찰하는 것도 그 진상을 꿰뚫어 보아내 마음이 사물과 혼연일체를 이루었을 때 비로소 정확한 것이 되고, 외형에 구애받지 않게 됩니다.

🌵 하늘은 한 사람을 현명하게 해서

하늘은 한 사람을 현명하게 하여
여러 사람의 어리석음을 깨우치게 하였는데,
세상 사람들은 도리어 자신의 잘하는 바를 으스대며
남의 모자람을 들추어낸다.
하늘은 한 사람을 잘살게 하여
여러 사람의 곤궁함을 건지게 하였는데
사람들은 도리어 자신이 가진 것을 믿고
남의 가난을 업신여긴다.
참으로 천벌을 받을 사람들이다.

天賢一人, 以誨衆人之愚, 而世反逞所長, 以形人之短; 天富一人,
천 현 일 인   이 회 중 인 지 우   이 세 반 령 소 장   이 형 인 지 단   천 부 일 인
以濟衆人之困, 而世反挾所有, 以凌人之貧. 眞天之戮民哉.
이 제 중 인 지 곤   이 세 반 협 소 유   이 릉 인 지 빈   진 천 지 륙 민 재

🌱 조금 아는 사람이
어리석은 사람보다 더 함께하기 어렵다

학문과 덕이 극치에 이른 사람이야

무엇을 생각하며 무엇을 근심하랴.

어리석은 사람은 지식도 생각도 없으니

오히려 함께 학문을 논하고 또 더불어 공을 세울 수 있다.

다만 재주가 어중간한 사람은

제 나름의 생각과 지식이 많아 억측과 시기도 많으니

매사에 함께 일하기가 어렵다.

至人何思何慮, 愚人不識不知, 可與論學亦可與建功.
지 인 하 사 하 려   우 인 불 식 부 지   가 여 론 학 역 가 여 건 공

唯中才的人, 多一番思慮知識, 便多一番億度猜疑, 事事難與下手.
유 중 재 적 인   다 일 번 사 려 지 식   변 다 일 번 억 탁 시 의   사 사 난 여 하 수

🌱 입은 마음의 문, 뜻은 마음의 발

입은 마음의 문이니 굳게 지키지 못하면
마음속의 비밀까지 누설하게 된다.
뜻은 마음의 발이니 굳게 지켜내지 못하면
그릇된 길로 빠져들게 된다.

口乃心之門, 守口不密, 洩盡眞機; 意乃心之足, 防意不嚴,
구 내 심 지 문　수 구 불 밀　설 진 진 기　의 내 심 지 족　방 의 불 엄
走盡邪蹊.
주 진 사 혜

🌱 남을 꾸짖는 사람, 자신을 꾸짖는 사람

남을 꾸짖는 사람은
허물이 있는 가운데서도 허물이 없음을 찾으면
마음이 평온할 것이요,
자신을 꾸짖는 사람은
허물이 없는 가운데서도 허물을 찾으면
덕이 자라날 것이다.

責人者, 原無過於有過之中, 則情平; 責己者, 求有過於無過之内,
책 인 자　원 무 과 어 유 과 지 중　즉 정 평　책 기 자　구 유 과 어 무 과 지 내
則德進.
즉 덕 진

🌱 어린이는 어른의 씨앗

어린이는 어른의 씨앗이요, 수재는 사대부의 씨앗이다.
이때 만약 화력이 부족하여 단련이 잘되지 못하면
훗날 세상을 살아가거나 조정에 서게 될 때
훌륭한 인물이 끝내 될 수 없을 것이다.

子弟者, 大人之胚胎; 秀才者, 士夫之胚胎. 此時若火力不到,
자 제 자 대 인 지 배 태 수 재 자 사 부 지 배 태 차 시 약 화 력 부 도
陶鑄不純, 他日涉世立朝, 終難成個令器.
도 주 불 순 타 일 섭 세 립 조 종 난 성 개 령 기

🌱 어려울 때 근심하기보다 즐거울 때 삼가라

군자는 어려움에 처해서는 근심하지 않으나
즐거운 자리에서는 몸가짐을 삼가며,
권세 있고 부유한 사람을 만나서는 두려워하지 않으나
외롭고 의지할 데 없는 사람에 대해서는 안타까워한다.

君子處患難而不憂, 當宴遊而惕慮; 遇權豪而不懼, 對惸獨而警心.
군 자 처 환 난 이 불 우 당 연 유 이 척 려 우 권 호 이 불 구 대 경 독 이 경 심

🪴 일찍 빼어남은 늦게 이루어지는 것만 못하니

복숭아꽃과 오얏꽃이 비록 곱다 한들
어찌 저 푸른 소나무의 곧은 절개만 할 수 있으며,
배와 살구가 비록 달다 한들
어찌 노란 유자와 푸른 귤의 맑은 향기만 할 수 있겠는가.
진실로 알겠노라.
곱고 일찍 시드는 것은 담박하고 오래가는 것만 못하며,
일찍 숙성하는 것은 늦게 이루어지는 것만 못하다.

桃李雖艶, 何如松蒼栢翠之堅貞; 梨杏雖甘, 何如橙黃橘綠之馨冽.
도 리 수 염   하 여 송 창 백 취 지 견 정   이 행 수 감   하 여 등 황 귤 록 지 형 렬
信乎, 濃夭不及淡久, 早秀不如晚成也.
신 호   농 요 불 급 담 구   조 수 불 여 만 성 야

🌵 고요함 속에 보이는 것들

세상 풍파가 걷혀
바람이 잔잔하고 물결이 고요한 가운데
인생의 참된 경지를 볼 수 있고,
인간의 욕망을 떨쳐 내고
맛이 담박하고 소리 드문 곳에서
마음의 본래 모습을 알 수 있다.

風恬浪靜中, 見人生之眞境 味淡聲希處, 識心體之本然.
풍 념 랑 정 중 견 인 생 지 진 경   미 담 성 희 처 식 심 체 지 본 연

후집 後集
덜어 낸 만큼
자유로워지리니

복잡다단한 속세에서 벗어나 내면을 수양하고
자연과 더불어 사는 삶을 강조하며,
명상적이고 철학적인 내용을 주로 담고 있습니다.

빅데이터 시대에 10대가 꼭 알아야 할
채근담

🌱 은거하는 즐거움을 말하는 자는 은거하는 삶의 참맛을 모른다

산에서 사는 즐거움을 이야기하는 사람은
아직 산에서 사는 진정한 맛을 깨닫지 못한 것이요,
명예와 재물에 대한 이야기를 싫어하는 사람은
아직 명예와 재물에 대한 마음을 모두 잊지 못한 것이다.

談山林之樂者, 未必眞得山林之趣. 厭名利之談者,
담 산 림 지 락 자   미 필 진 득 산 림 지 취   염 명 리 지 담 자
未必盡忘名利之情.
미 필 진 망 명 리 지 정

해설

　무엇인가에 대해 평하고 말하는 것은 아직 그 참 의미를 모르는 것입니다. 자연 속에 사는 즐거움을 찬양하는 사람은 자연의 진실한 맛을 느끼지 못하여 그러는 것이요, 명리를 탐하는 것을 속되다 하여 이를 배격하고 싫어하는 사람 역시 아직 미련이 남아 있는 것입니다. 통달한 사람이라면 자연에서 사는 즐거움이나 명리에 대해 말하지 않습니다.

🌱 일을 즐김은 일이 없음만 못하다

낚시질은 즐거운 일이지만
살리고 죽이는 일이 달려 있는 것이며,
바둑은 깨끗한 놀이지만 또한 전쟁하는 마음으로 움직인다.
이로써도 알 수 있듯이,
일을 좋아함은 일을 덜어서 한가히 지냄만 못하고,
다양한 재능은 무능하여 본성을 온전히 하는 것만 못하다.

釣水逸事也, 尚持生殺之柄. 奕棋淸戲也, 且動戰爭之心.
조 수 일 사 야 상 지 생 살 지 병 혁 기 청 희 야 차 동 전 쟁 지 심

可見喜事不如省事之爲適, 多能不若無能之全眞.
가 견 희 사 불 여 생 사 지 위 적 다 능 불 약 무 능 지 전 진

🎣 해설

　속세를 떠나 한가하게 낚시질을 즐기는 것은 좋은 일이지만 그 속에는
고기를 살리고 죽이는 권력이 있으며, 바둑은 깨끗한 놀이기는 하나 그
속에는 쟁탈과 승부를 겨루는 전쟁의 마음이 있습니다. 이러한 사실로 미
루어 보건대 일을 좋아하기보다는 되도록 일을 줄여서 한가하게 세상을
살아가는 것이 낫고, 다재다능하여 다방면으로 활동하기보다는 차라리
무재무능하여 자기가 타고난 본성을 조금도 손상하지 않고 온전히 유지
해 나가는 것이 낫다는 내용입니다.

🌱 사물의 참모습은 쇠한 뒤에야 나타나니

꾀꼬리가 노래하고 꽃이 활짝 피어
온 산과 골짜기를 가득 채워도,
이 모두는 천지의 헛된 모습일 뿐이다.
계곡의 물이 마르고 나뭇잎이 떨어져
바위와 벼랑만이 앙상하게 드러나야
비로소 천지의 참모습을 볼 수 있다.

鶯花茂而山濃谷艷, 總是乾坤之幻境. 水木落而石瘦崖枯,
앵 화 무 이 산 농 곡 염   총 시 건 곤 지 환 경   수 목 락 이 석 수 애 고

纔是天地之眞吾.
재 시 천 지 지 진 오

해설

　봄의 아름다운 경관은 한때의 환상에 불과하며, 늦가을이 되어 물 마르
고 나뭇잎 떨어져 돌이 앙상하고 벼랑이 제 모습을 드러낼 때, 비로소 천
지의 참모습을 볼 수 있습니다. 사람도 이와 마찬가지입니다. 명예와 권
세는 일시적인 것으로, 그것이 쇠한 뒤에야 비로소 그 사람의 본바탕을
볼 수 있습니다.

🌵 세월은 길건만 사람 혼자 재촉한다

세월은 본래 길건만
서두르는 사람은 스스로 짧게 여기며,
하늘과 땅은 본래 넓건만
야비한 사람은 스스로 좁게 여긴다.
자연은 본래 한가롭건만
악착스러운 사람은 스스로 바쁘게 여긴다.

歲月本長, 而忙者自促. 天地本寬, 而鄙者自隘. 風花雪月本閒,
세 월 본 장   이 망 자 자 촉   천 지 본 관   이 비 자 자 애   풍 화 설 월 본 한
而勞攘者自冗.
이 로 양 자 자 용

🌵 좋은 것은 멀리 있지 않다

정취를 느끼기 위해 많은 것이 필요한 것은 아니니,
작은 연못이나 조그마한 돌에도 안개와 노을은 깃든다.
경치를 즐기기 위해 먼 데까지 갈 필요는 없으니,
쑥으로 얽은 창과 대나무로 이은 집에도 바람과 달빛은 넉넉하다.

得趣不在多. 盆池拳石間, 烟霞具足. 會景不在遠. 蓬窓竹屋下,
득 취 부 재 다   분 지 권 석 간   연 하 구 족   회 경 부 재 원   봉 창 죽 옥 하
風月自賖.
풍 월 자 사

🌱 꿈속의 꿈에서 깨어나라

고요한 밤에 종소리를 들으며
꿈속의 꿈을 불러 깨우고,
맑은 연못의 달그림자를 살피며
몸 밖의 몸을 엿본다.

聽靜夜之鐘聲, 喚醒夢中之夢, 觀澄潭之月影, 窺見身外之身.
청 정 야 지 종 성   환 성 몽 중 지 몽   관 징 담 지 월 영   규 견 신 외 지 신

해설

   인생은 덧없는 것입니다. 꿈속에 살면서도 욕망에 사로잡혀 또 허망한
꿈을 꾸고 있으니 참으로 어리석다 할 것입니다. 고요한 밤에 들려오는
종소리를 경종으로 생각하여, 허망한 꿈에서 깨어나야 합니다. 또한 인간
의 본성은 하늘에서 부여한 것으로 사람의 몸 안에는 우주의 본체가 들어
있습니다. 이를 잊은 채 부질없이 허망한 길로 달리지 말고, 달빛이 맑은
연못 속에 비치는 것처럼 본성을 찾아야 합니다. 허망한 꿈에서 깨어나
본성을 찾을 것을 강조하는 글입니다.

🌱 천지간의 모든 것이 깨달음을 준다

새의 지저귐, 벌레 소리는
모두가 마음을 전하는 비결이요,
꽃잎과 풀빛은
모두가 진리를 나타내는 문장이다.
배우는 사람이 타고난 마음을 맑게 하고,
가슴속을 영롱하게 하면
사물을 대할 때 모두 깨닫는 바가 있을 것이다.

鳥語蟲聲, 總是傳心之訣. 花英草色, 無非見道之文. 學者,
조 어 충 성 총 시 전 심 지 결 화 영 초 색 무 비 현 도 지 문 학 자
要天機淸澈, 胸次玲瓏, 觸物皆有會心處.
요 천 기 청 철 흉 차 영 롱 촉 물 개 유 회 심 처

🌱 글자 없는 책을 읽고 줄 없는 거문고를 타라

사람들은 글자 있는 책은 읽을 줄 알지만
글자 없는 책은 읽을 줄 모르고,
줄 있는 거문고는 타지만
줄 없는 거문고는 타지 못한다.
형체에만 사로잡혀 정신을 쓸 줄 모르니
어찌 거문고와 책의 참맛을 알겠는가.

人解讀有字書, 不解讀無字書. 知彈有絃琴, 不知彈無絃琴.
인 해 독 유 자 서   불 해 독 무 자 서   지 탄 유 현 금   부 지 탄 무 현 금
以跡用, 不以神用, 何以得琴書之趣.
이 적 용   불 이 신 용   하 이 득 금 서 지 취

해설

　책이나 거문고는 사람의 마음을 나타내기 위한 수단이자 도구입니다.
책 속에 있는 글자가 중요한 것이 아니라 글자를 통해서 읽을 수 있는 마
음과 정신이 중요하며, 거문고의 줄이 중요한 것이 아니라 그것을 통해
나타내는 마음과 정신을 파악하는 것이 중요합니다. 그러므로 언어나 문
자를 매개로 하지 않아도 마음이나 정신의 정수를 즉각적으로 체득하고,
귀에 들리는 소리가 없더라도 마음의 동태나 정신의 움직임을 똑똑히 볼
수 있어야만 합니다. 본질적이고 직관적인 인식으로 도구 너머에 있는 진
리의 정체를 파악할 수 있어야 한다는 내용입니다.

🌱 물욕 없는 마음은 잔잔한 바다와 같다

마음에 물욕이 없으면
이는 곧 가을 하늘과 잔잔한 바다요,
곁에 거문고와 책이 있으면
이는 곧 신선이 머무르는 곳이다.

心無物欲, 卽是秋空霽海. 坐有琴書, 便成石室丹丘.
심 무 물 욕　즉 시 추 공 제 해　좌 유 금 서　변 성 석 실 단 구

🌱 즐거움은 길지 않다

손님과 벗이 구름처럼 모여들어
실컷 마시고 마음껏 노는 것은 즐거우나,
어느새 시간이 다하여
촛불이 가물거리고 향 내음도 사라지고 차도 식으면,
저도 모르게 즐거움이 흐느낌으로 변하여 사람을 쓸쓸하게 한다.
세상만사가 다 이와 같거늘
사람들은 왜 빨리 머리를 돌리려고 하지 않는가.

賓朋雲集, 劇飮淋漓樂矣. 俄而漏盡燭殘, 香銷茗冷,
빈 붕 운 집 극 음 림 리 락 의 아 이 루 진 촉 잔 향 소 명 랭
不覺反成嗚咽, 令人索然無味. 天下事率類此, 人奈何不早回頭也.
불 각 반 성 구 열 영 인 삭 연 무 미 천 하 사 솔 류 차 인 내 하 부 조 회 두 야

🔖 해설

  한무제漢武帝가 분하汾河에서 신하들과 연회를 열었을 때, 즉흥적으로
지었다는 〈추풍사秋風辭〉의 하반절에 '퉁소 불고 북 치며 뱃노래 부르는데
즐거움 다하니 애달픈 정 많아진다. 젊은 날 얼마나 되리! 늙어 감을 어이
하랴.'라는 내용이 있습니다. 이 예감은 적중하여 한무제 말기 재정이 궁
핍해졌고, 나라는 흔들렸습니다. 지나치게 즐거움을 추구하면 후회가 뒤
따르기 마련입니다.

🌱 자연 속의 정취를 체득하면

자연 속에 깃들어 있는 참맛을 깨달으면
오호의 경치도 모두 마음속에 들어오게 되고,
눈앞에 일어나는 천지조화의 작용을 깨달으면
천고의 영웅이 모두 내 손안에 있게 된다.

會得個中趣, 五湖之烟月, 盡入寸裡. 破得眼前機, 千古之英雄,
회 득 개 중 취   오 호 지 연 월   진 입 촌 리   파 득 안 전 기   천 고 지 영 웅

盡歸掌握.
진 귀 장 악

해설

　천지자연 속의 정취를 체득한다면 가 보지 않아도 오호五湖의 풍경이
절로 마음속에 들어올 것입니다. 눈앞에 펼쳐져 있는 소장성쇠消長盛衰의
기틀을 명확하게 파악할 수 있다면 천고의 영웅도 마음대로 다스릴 수 있
습니다. 천지자연의 도리에 밝으면 모든 문제는 저절로 해결됩니다.

🌱 한 줌 먼지에 불과함을 알라

산하와 대지도 작은 티끌에 속하거늘,
하물며 티끌 속의 티끌이랴!
사람의 육신도 또한 물거품과 그림자로 돌아가거늘,
하물며 그림자 밖의 그림자랴!
그러나 탁월한 지혜를 가진 이가 아니면
이 진리를 분명히 깨닫지 못할 것이다.

山河大地, 已屬微塵, 而況塵中之塵. 血肉身軀, 且歸泡影,
산 하 대 지   이 속 미 진   이 황 진 중 지 진   혈 육 신 구   차 귀 포 영

而況影外之影. 非上上智, 無了了心.
이 황 영 외 지 영   비 상 상 지   무 료 료 심

🌱 달팽이 뿔 위에서 다투어 무엇하랴

부싯돌이 번쩍하는 짧은 불꽃 속에서 길고 짧음을 다툰들
그 세월이 얼마나 되며,
달팽이의 뿔 위에서 자웅을 겨룬들
그 세계가 얼마나 크겠는가.

石火光中, 爭長競短. 幾何光陰. 蝸牛角上, 較雌論雄. 許大世界.
석 화 광 중   쟁 장 경 단   기 하 광 음   와 우 각 상   교 자 론 웅   허 대 세 계

🔖 해설

　인생은 전광석화電光石火와 같은 찰나에 불과합니다. 조금 더 살아 보
겠다고 아귀다툼하지만 오래 산들 얼마나 더 오래 살겠습니까. 이 세상이
넓다 한들 달팽이 뿔 위만큼이나 좁습니다. 이러한 곳에서 남보다 더 잘
살아 보겠다고 아등바등 경쟁하며 살고 있지만 승자가 된들 얼마나 큰 부
귀영화를 누리겠습니까.

🌱 생기와 온기를 잃으면

가물거리는 등잔에 불꽃이 없고
떨어진 갖옷에 따스함이 없으니,
모두 삭막한 광경이요,
몸이 마른나무 같고 마음이 식은 재 같으니,
완공에 떨어짐을 면하지 못한다.

寒燈無焰, 敝裘無溫, 總是播弄光景. 身如槁木, 心似死灰,
한 등 무 염 폐 구 무 온 총 시 파 롱 광 경 신 여 고 목 심 사 사 회
不免墮在頑空.
불 면 타 재 완 공

 해설

　금방 꺼지려 하는 등잔불에는 불꽃이 없고 떨어진 갖옷에는 따스함이
없듯이, 사람의 생활이 너무 담박해도 삭막해집니다. 몸이 마른나무와 같
고 마음이 식은 재와 같이 되어 아무런 감각도 없는 상태에 이른다면, 비
록 도를 깨달았다 하더라도 완공頑空에 떨어짐을 면하지 못할 것입니다.
완공이란 육체도 정신도 모두 완전히 비어 있음을 말합니다. 만일 이 같
은 상태라면 무엇으로 세상 사람을 구제하는 도를 행할 수 있겠습니까.

🌱 마음먹은 자리에서 행하라

사람이 굳이 쉬려고 하면 번뇌도 곧 사라지나,
아들딸을 시집, 장가보내는 일이 끝났다 하더라도
일이 적잖이 남을 것이다.
승려와 도사가 비록 좋다고 하나
그런 마음으로는 세속의 마음도 끝나지 않는다.
옛사람이 이르기를
"이제 쉬려거든 바로 가서 쉬어라.
만약 끝날 때를 찾는다면 끝이 없으리라."라고 했으니,
참으로 밝은 견해로다.

人肯當下休, 便當下了. 若要尋個歇處, 則婚嫁雖完, 事亦不少.
인 긍 당 하 휴　변 당 하 료　약 요 심 개 헐 처　즉 혼 가 수 완　사 역 불 소
僧道雖好, 心亦不了. 前人云: "如今休去, 便休去, 若覓了時,
승 도 수 호　심 역 불 료　전 인 운　여 금 휴 거　변 휴 거　약 멱 료 시
無了時." 見之卓矣.
무 료 시　　견 지 탁 의

🌱 한가한 즐거움이라야 오래간다

차분한 상태에서 열광하던 때를 생각해야
그때의 분주함이 무익했음을 알게 되고,
번잡한 곳에서 한가한 곳으로 옮긴 뒤에야
한가한 즐거움이 가장 오래감을 깨닫게 된다.

從冷視熱, 然後知熱處之奔走無益. 從冗入閑,
종 랭 시 열   연 후 지 열 처 지 분 주 무 익   종 용 입 한
然後覺閑中之滋味最長.
연 후 각 한 중 지 자 미 최 장

🌱 시 한 수의 즐거움 정도는

부귀를 뜬구름처럼 여긴다 하더라도
굳이 산속에 파묻혀 수양할 필요는 없고,
자연에 심취하는 경지가 아니더라도
시 한 수는 즐길 줄 알아야 한다.

有浮雲富貴之風, 而不必嚴棲穴處. 無膏肓泉石之癖,
유 부 운 부 귀 지 풍   이 불 필 암 서 혈 처   무 고 황 천 석 지 벽
而常自醉酒耽詩.
이 상 자 취 주 탐 시

🪴 진정한 자유의 경지

명예와 이득의 다툼은 다른 사람에게 맡기되
모두가 거기에 빠져도 미워하지 말고,
고요하고 담박함은 내가 즐기되
홀로 깨어 있는 것을 자랑하지 말라.
이는 부처님이 이르는 것처럼
'법에도 매이지 않고 공에도 매이지 않는 것'으로
몸과 마음이 모두 자유로운 것이다.

競逐聽人, 而不嫌盡醉. 恬淡適己, 而不誇獨醒. 此釋氏所謂,
경 축 청 인 이 불 혐 진 취 염 담 적 기 이 불 과 독 성 차 석 씨 소 위

不爲法纏, 不爲空纏, 身心兩自在者.
불 위 법 전 불 위 공 전 신 심 량 자 재 자

🌱 시간은 생각하기 나름, 공간은 마음먹기 나름

시간의 길고 짧음은 생각하기 나름이고
공간의 좁고 넓음은 마음먹기에 달렸다.
그러므로 마음이 여유로운 사람은
하루를 천년보다 길게 느끼고,
마음이 넓은 사람은
좁은 방도 하늘과 땅 사이만큼 넓게 여긴다.

延促由於一念, 寬窄係之寸心. 故機關者, 一日遙於千古, 意廣者,
연 촉 유 어 일 념   관 착 계 지 촌 심   고 기 한 자   일 일 요 어 천 고   의 광 자
斗室寬若兩間.
두 실 관 약 량 간

🌱 욕심이 없으면 부러울 것도 없다

욕심을 덜고 덜어 꽃 가꾸고 대나무 심으니
오유선생 되어 가고,
세상일 잊고 잊어 향 피우고 차 끓이니
백의동자에게 무엇을 묻겠는가.

損之又損, 栽花種竹, 儘交還烏有先生. 忘無可忘, 焚香煮茗,
손 지 우 손 재 화 종 죽 진 교 환 오 유 선 생 망 무 가 망 분 향 자 명
總不問白衣童子.
총 불 문 백 의 동 자

🔖 **해설**

　오유선생烏有先生은 사마상여司馬相如의 〈자허부子虛賦〉에 등장하는 가
공인물로, 오유烏有는 '어찌 ~이 있으랴?'라는 풍자적인 의미를 지니고 있
습니다. 이는 아무것도 가질 필요가 없다는 소탈한 정취를 뜻하는 동시에
일체의 물질적 욕망이 없는 마음 상태를 가리킵니다. 백의동자白衣童子는
하얀 옷을 입은 심부름꾼으로 보통 술을 전해 주는 심부름꾼을 말합니다.
여기서는 사물에 대해 묻지 않는, 개의치 않는 마음의 상태를 가리키는
말로 쓰였습니다.

🌱 만족할 줄 알면 그곳이 신선의 세계

눈앞의 모든 일을 만족할 줄 알면 신선의 경지요,
만족할 줄 모르면 세속의 경지이다.
세상에 나타나는 모든 인연을 잘 쓰면 살리는 기틀이 되고,
잘못 쓰면 죽이는 기틀이 된다.

都來眼前事, 知足者仙境, 不知足者凡境, 總出世上因,
도 래 안 전 사 지 족 자 선 경 부 지 족 자 범 경 총 출 세 상 인
善用者生機, 不善用者殺機.
선 용 자 생 기 불 선 용 자 살 기

해설

눈앞에 닥치는 모든 일에 대해 분수를 알아 만족하면 그것이 바로 선경
仙境이고, 즐겁지만 만족할 줄 모르면 오히려 괴로워집니다. 세상에 나타
나는 모든 사단事端을 잘 활용하면 사람과 사물을 이롭게 하는 생기가 되
지만, 잘못 활용하면 해치는 살기가 됩니다. 사람의 괴로움은 끝없는 욕
심에서 오는 것이므로, 매사에 만족할 줄 알면 늘 마음이 즐겁습니다.

🌱 고요함에 살고 편안함을 지키라

권력을 따르고 세도에 빌붙는 재앙은
매우 참혹하고 몹시 빠르다.
고요함에 살고 편안함을 지키는 맛은
가장 담박하고 가장 오래간다.

趨炎附勢之禍, 甚慘亦甚速. 棲恬守逸之味, 最淡亦最長.
추 염 부 세 지 화   심 참 역 심 속   서 념 수 일 지 미   최 담 역 최 장

🪴 서는 곳마다 구름이 일고 달빛이 비친다

소나무 우거진 시냇가를
지팡이 짚고 홀로 걷노라면
문득 서는 곳마다 해진 옷에서 구름이 일어나고,
대나무 울창한 창가에서
책을 베개 삼아 잠들다 깨면
낡은 담요에 달빛이 스며든다.

松澗邊, 携杖獨行, 立處雲生破衲. 竹窓下, 枕書高臥,
송 간 변   휴 장 독 행   입 처 운 생 파 납   죽 창 하   침 서 고 와

覺時月侵寒氈.
각 시 월 침 한 전

🔖 **해설**

　소나무 무성한 시냇가를 지팡이 짚고 거닐면 구름이 옷소매에서 일어
나는 것 같고, 대나무 창가에서 책을 베개 삼아 편안히 누워 자다가 깨어
보면 휘영청 달빛이 담요 위를 비춥니다. 속세를 떠나 자연 속에서 은거
하는 한가로운 삶의 모습을 그리고 있습니다.

🌱 죽음을 기억하라

색욕이 불길처럼 치솟다가도
병들 때를 생각하게 되면
곧 그 흥이 식은 재 같아지고,
명리가 엿처럼 달다가도
죽음에 대한 생각에 이르면
그 맛이 밀랍을 씹는 것 같아진다.
그러므로 사람이 늘 죽음을 걱정하고 병을 조심하면
헛된 일을 버리고 참마음을 기를 수 있게 된다.

色慾火熾, 而一念及病時, 便興似寒灰. 名利飴甘, 而一想到死地,
색 욕 화 치 이 일 념 급 병 시 변 흥 사 한 회 명 리 이 감 이 일 상 도 사 지
便味如嚼蠟. 故人常憂死慮病, 亦可消幻業而長道心.
변 미 여 작 랍 고 인 상 우 사 려 병 역 가 소 환 업 이 장 도 심

🪴 물러서면 넓어지고 담박하면 오래간다

앞을 다투는 길은 좁으니
한 걸음 물러나면 그만큼 넓어지고,
진하고 기름진 맛은 금방 싫증 나니
조금 맑고 담박하면 그만큼 오래간다.

爭先的徑路窄, 退後一步自寬平一步. 濃艶的滋味短,
쟁 선 적 경 로 착   퇴 후 일 보 자 관 평 일 보   농 염 적 자 미 단
淸淡一分自悠長一分.
청 담 일 분 자 유 장 일 분

🌱 한가할 때 마음의 힘을 기르라

바쁠 때 본성을 어지럽히지 않으려면
한가할 때 마음을 맑게 길러 두어야 하고,
죽음을 앞두고 마음이 흔들리지 않으려면
살아 있을 때 사물의 이치를 깨달아야 한다.

忙處不亂性, 須閑處心神養得淸. 死時不動心, 須生時事物看得破.
망 처 불 란 성   수 한 처 심 신 양 득 청   사 시 부 동 심   수 생 시 사 물 간 득 파

🌱 도의에는 변덕이 없다

속세를 떠나 자연에 은거하는 삶에는
영화도 욕됨도 없고,
도의에 따른 삶에는
변덕스러운 세속의 인정이 없다.

隱逸林中無榮辱, 道義路上無炎凉.
은 일 림 중 무 영 욕   도 의 로 상 무 염 량

🌱 더위는 없애지 못해도
더위로 괴로운 마음은 없앨 수 있다

더위를 없앨 수는 없으나
더위를 괴로워하는 마음을 없앤다면
몸은 늘 시원한 누대 위에 있게 된다.
가난을 떨칠 수는 없으나
가난함을 근심하는 마음을 몰아낸다면
마음은 늘 편안하고 즐거운 집 속에 있게 된다.

熱不必除, 而除此熱惱, 身常在淸凉臺上. 窮不可遣, 而遣此窮愁,
열 불 필 제   이 제 차 열 뇌   신 상 재 청 량 대 상   궁 불 가 견   이 견 차 궁 수

心常居安樂窩中.
심 상 거 안 락 와 중

나아갈 때 물러설 것을 생각하고 시작할 때 그만둘 것을 생각하라

한 걸음 나아갈 때는
한 걸음 물러설 것을 염두에 두면
뿔이 울타리에 걸리는 재난을 면할 것이요,
일을 시작할 때는
먼저 손을 뗄 것을 도모해 두면
비로소 호랑이 등을 타는 위험에서 벗어날 것이다.

進步處, 便思退步, 庶免觸藩之禍. 著手時, 先圖放手,
진 보 처   변 사 퇴 보   서 면 촉 번 지 화   착 수 시   선 도 방 수
纔脫騎虎之危.
재 탈 기 호 지 위

🌱 만족할 줄 모르면 거지와 같다

욕심이 많은 사람은

금을 나누어 주면 옥을 얻지 못함을 한탄하고

공작에 봉해지면 제후가 되지 못함을 원망하니,

권세 있고 부유하면서도 스스로 거지 노릇을 달게 여기는 격이다.

만족할 줄 아는 사람은

명아주 국도 고기와 쌀밥보다 맛있게 여기고

거친 베옷도 털옷보다 따뜻하게 여기니,

평범한 백성이라도 황후귀족을 부러워하지 않게 된다.

貪得者, 分金恨不得玉. 封公怨不受侯, 權豪自甘乞丏.
탐 득 자   분 금 한 부 득 옥   봉 공 원 불 수 후   권 호 자 감 걸 개

知足者, 黎羹旨於膏粱. 布袍煖於狐貉, 編民不讓王公.
지 족 자   여 갱 지 어 고 량   포 포 난 어 호 학   편 민 불 양 왕 공

🌱 능숙한 것도 한가로움만은 못하다

이름을 자랑하는 것은
이름을 숨기는 멋만 못하고,
일에 능숙한 것은
일을 덜어 한가롭게 지내는 것만 못하다.

矜名, 不羞逃名趣. 練事, 何如省事閑.
긍 명 불 수 도 명 취   연 사   하 여 생 사 한

🌱 발 딛는 곳 어디나 자유로우니

고요함을 즐기는 사람은
흰 구름이나 기이한 암석을 보면서 현묘한 이치를 깨닫고,
영리를 좇는 사람은
맑은 노래와 아름다운 춤을 즐기면서 피로를 잊는다.
오직 스스로 도를 깨달은 선비만이
시끄러움이나 고요함, 번영함과 쇠퇴함에 대한 미련이 없는 까닭에,
어느 곳이나 자유로운 세상 아님이 없다.

嗜寂者, 觀白雲幽石而通玄, 趨榮者, 見淸歌妙舞而忘倦.
기 적 자   관 백 운 유 석 이 통 현   추 영 자   견 청 가 묘 무 이 망 권
唯自得之士, 無喧寂, 無榮枯, 無往非自適之天.
유 자 득 지 사   무 훤 적   무 영 고   무 왕 비 자 적 지 천

🌱 구름처럼, 달처럼

한 조각 구름은 골짜기에서 피어나매,
가고 머무름에 있어 얽매임이 없고,
밝은 달은 하늘에 걸리매,
조용하고 시끄러움을 서로 상관치 않는다.

孤雲出岫, 去留一無所係. 郎鏡懸空, 靜躁兩不相干.
고 운 출 수   거 류 일 무 소 계   낭 경 현 공   정 조 량 불 상 간

🌱 담박한 맛이 진짜

유유히 긴 맛은 짙고 향기로운 술에서 얻지 못하고,
콩을 씹고 물을 마시는 데서 얻으며,
그립고도 정다운 생각은 메마르고 쓸쓸한 곳에서 생기지 않고,
퉁소를 불고 거문고를 뜯는 데서 생겨난다.
진실로 알겠노라.
짙은 맛은 오래가지 못하며, 담박한 맛만이 홀로 참된 것이로다.

悠長之趣, 不得於醲釅, 而得於啜菽飲水. 惆悵之懷, 不生於枯寂,
유 장 지 취   부 득 어 농 엄   이 득 어 철 숙 음 수   추 창 지 회   불 생 어 고 적
而生於品竹調絲. 固知濃處味常短, 淡中趣獨眞也.
이 생 어 품 죽 조 사   고 지 농 처 미 상 단   담 중 취 독 진 야

🌱 지극히 높은 것은 지극히 평범한 것에 있다

불교의 선에 이르기를
"배고프면 밥을 먹고 고단하면 잠을 잔다."라고 했다.
또한 시의 묘미를 드러내는 말로
"눈앞의 경치를 평범하게 쓰던 말로 표현하라."라는 것이 있다.
지극히 높은 것은 지극히 평범한 것에 깃들어 있고,
지극히 어려운 것은 지극히 쉬운 데서 나오는 법이니,
뜻이 있으면 오히려 멀어지고
마음에 두지 않으면 절로 가까워진다.

禪宗曰: "饑來喫飯倦來眠." 詩旨曰: "眼前景致口頭語語."
선 종 왈   기 래 끽 반 권 래 면   시 지 왈   안 전 경 치 구 두 어
蓋極高寓於極平, 至難出於至易, 有意者反遠, 無心者自近也.
개 극 고 우 어 극 평   지 난 출 어 지 이   유 의 자 반 원   무 심 자 자 근 야

🌱 산이 높아도 구름은 걸리지 않으니

물은 소리 내어 흐르나 사방이 고요하니,
소란함 속에서 고요함을 깨닫는 정취를 얻을 것이요,
산이 높아도 구름은 거리낌 없이 흘러가니
유심에서 무심으로 들어가는 이치를 깨달을 것이다.

水流而境無聲, 得處喧見寂之趣. 山高而雲不碍, 悟出有入無之機.
수 류 이 경 무 성　득 처 훤 견 적 지 취　산 고 이 운 불 애　오 출 유 입 무 지 기

🌱 집착하면 선경도 고해가 된다

산과 숲은 아름다운 곳이나
한번 현혹하여 집착하면 곧 시장판이 되고,
글과 그림은 운치 있는 것이지만
한번 탐내어 혹하게 되면 장사꾼이 된다.
대개 마음이 속세에 물들지 않으면 속세도 곧 선경이고
마음에 집착이 있으면 선경도 곧 고해가 된다.

山林是勝地, 一營戀便成市朝. 書畵是雅事, 一貪痴便成商賈.
산 림 시 승 지　일 영 련 변 성 시 조　서 화 시 아 사　일 탐 치 변 성 상 고
蓋心無染著, 欲界是仙都. 心有係戀, 樂境成苦海矣.
개 심 무 염 착　욕 계 시 선 도　심 유 계 연　낙 경 성 고 해 의

🌱 고요해야 밝아진다

시끄럽고 번잡한 때를 당하면
평소에 기억하던 것도 멍하니 잊어버리고,
맑고 고요한 경지에 있으면
지난날에 잊었던 것도 뚜렷하게 앞에 나타나니,
이것으로 고요함과 시끄러움이 조금만 나뉘어도
마음의 어둡고 밝음이 크게 달라짐을 알게 될 것이다.

時當喧雜, 則平日所記憶者, 皆漫然忘去. 境在淸寧,
시 당 훤 잡   즉 평 일 소 기 억 자   개 만 연 망 거   경 재 청 녕
則夙昔所遺忘者, 又怳爾現前. 可見靜躁稍分, 昏明頓異也.
즉 숙 석 소 유 망 자   우 황 이 현 전   가 견 정 조 초 분   혼 명 돈 이 야

🎣 해설

주위가 소란스러우면 마음이 어지러워져서 평소에 기억했던 것도 까
맣게 잊어버리고, 고요하면 옛날에 잊었던 것까지도 떠오릅니다. 이처럼
시끄럽고 고요함이 사람의 마음에 미치는 영향이 매우 크므로, 늘 마음을
고요하고 밝게 가지는 일에 힘써야 할 것입니다.

🌱 갈대꽃 이불 덮고 눈 위에 누워도

갈대꽃 이불을 덮고
눈 위에 누워 구름을 보고 잠들지라도
한 칸 방의 맑은 기운을 다 누릴 수 있고,
댓잎 비친 술잔 기울이고
바람에 시를 읊조리며 달과 노닐 수 있다면
번잡한 속세를 벗어날 수 있다.

蘆花被下, 臥雪眠雲, 保全得一窩夜氣. 竹葉杯中, 吟風弄月,
노 화 피 하   와 설 면 운   보 전 득 일 와 야 기   죽 엽 배 중   음 풍 농 월
躱離了萬丈紅塵.
타 리 료 만 장 홍 진

🪴 짙은 것은 담박한 것만 못하다

높은 벼슬아치 일행 가운데
명아주 지팡이를 짚은 은자가 한 사람 있으면
한결 고상한 풍취가 더해지고,
고기잡이와 나무꾼이 다니는 길 위에
비단옷 입은 고관이 한 사람 있으면 속된 기운이 더하게 된다.
이로써 보건대 짙은 것은 담박한 것만 못하고,
속된 것은 고상한 것만 못함을 알겠노라.

衰冕行中, 著一藜杖的山人, 便增一段高風. 漁樵路上,
곤 면 행 중   저 일 려 장 적 산 인   변 증 일 단 고 풍   어 초 로 상
著一衰衣的朝士, 轉添許多俗氣. 固知濃不勝淡, 俗不如雅也.
저 일 곤 의 적 조 사   전 첨 허 다 속 기   고 지 농 불 승 담   속 불 여 아 야

🌱 속세를 벗어나는 길은 세상살이에 있다

속세를 벗어나는 길은
곧 세상을 살아가는 가운데 있으니,
반드시 사람과 인연을 끊어서 세상을 피할 필요는 없다.
마음을 깨닫는 공부는
마음을 다하는 가운데 있으니
반드시 욕심을 끊어서 마음을 식은 재처럼 만들 필요는 없다.

出世之道, 卽在涉世中, 不必絶人以逃世. 了心之功, 卽在盡心內,
출 세 지 도　즉 재 섭 세 중　불 필 절 인 이 도 세　요 심 지 공　즉 재 진 심 내
不必絶欲以灰心.
불 필 절 욕 이 회 심

몸은 한가하게, 마음은 평온하게

이 몸을 늘 한가한 곳에 둔다면
영욕과 득실로 그 누가 나를 부릴 수 있겠는가.
이 마음을 늘 평온함 가운데 둔다면
시비와 이해로 그 누가 나를 속일 수 있겠는가.

此身常放在閒處, 榮辱得失, 誰能差遣我. 此心常安在靜中,
차 신 상 방 재 한 처 영 욕 득 실 수 능 차 견 아 차 심 상 안 재 정 중
是非利害, 誰能瞞昧我.
시 비 리 해 수 능 만 매 아

🌱 일상에서 깨달음을 얻는 법

대나무 울타리 밑에서
홀연히 개 짖고 닭 우는 소리를 듣노라면
마치 구름 속 신선의 세계에 있는 듯 황홀하고,
서재 안에서
매미 울고 까마귀 지저귀는 소리를 듣노라면
바야흐로 고요 속의 별천지임을 알게 된다.

竹籬下, 忽聞犬吠鷄鳴, 恍似雲中世界. 芸窓中, 雅聽蟬吟鴉噪,
죽 리 하   홀 문 견 폐 계 명   황 사 운 중 세 계   운 창 중   아 청 선 음 아 조
方知靜裡乾坤.
방 지 정 리 건 곤

🌱 바라는 것이 없으면 두려움도 없다

내가 부귀영화를 바라지 않으니
어찌 이익과 봉록의 달콤한 미끼를 근심하며,
내가 나아감을 다투지 않으니
어찌 벼슬살이의 위태로움을 두려워하겠는가.

我不希榮, 何憂乎利祿之香餌. 我不競進, 何畏乎仕官之危機.
아 불 희 영   하 우 호 리 록 지 향 이   아 불 경 진   하 외 호 사 관 지 위 기

🌱 소요하는 삶

숲속과 샘, 바위 사이를 거니노라면
때 묻은 마음은 어느새 사라지고,
책과 그림 속에 노니노라면
속된 기운은 절로 없어진다.
그러므로 군자는 사물에 빠져도 본뜻을 잃지 않을뿐더러
늘 그윽한 경지를 빌어 마음을 고른다.

徜徉於山林泉石之間, 而塵心漸息. 夷猶於詩書圖畫之內,
상 양 어 산 림 천 석 지 간   이 진 심 점 식   이 유 어 시 서 도 화 지 내
而俗氣漸消. 故君子雖不玩物喪志, 亦常借境調心.
이 속 기 점 소   고 군 자 수 불 완 물 상 지   역 상 차 경 조 심

🌱 봄보다 가을이 좋은 이유

봄날은 화창하여

사람의 몸과 마음을 들뜨고 즐겁게 하지만

가을날 흰 구름과 맑은 바람 속

난초는 아름답고 계수나무는 향기로우며,

물과 하늘이 온통 한 가지 빛에

천지에 달이 환히 밝아

사람의 심신을 모두 맑게 해주는 가을만 하겠는가.

春日氣象繁華, 令人心神駘蕩. 不若秋日雲白風淸, 蘭芳桂馥,
춘 일 기 상 번 화   영 인 심 신 태 탕   불 약 추 일 운 백 풍 청   난 방 계 복

水天一色, 上下空明, 使人神骨俱淸也.
수 천 일 색   상 하 공 명   사 인 신 골 구 청 야

🎧 해설

　꽃이 피고 만물이 약동하는 봄은 사람들을 들뜨게 하고 유혹에 빠지게
하는 계절입니다. 반면 가을날에 만날 수 있는 흰 구름, 맑은 바람, 맑게
갠 하늘과 한 빛이 되는 맑은 물 등은 그 운치가 그윽하고도 맑아 심신을
모두 깨끗하게 합니다. '속인은 봄을 즐기지만 철인哲人은 가을을 즐긴다'
는 말이 있는 것처럼 이 글에서는 봄의 화창함보다는 가을의 청정함을 높
이 평가했다고 볼 수 있습니다.

🌱 시는 눈이 아닌 마음으로 읽는 것

글자를 모를지라도 시심을 지닌 이는
시인의 참 멋을 얻을 수 있고,
게송 한 구절 익히지 않아도 선의 정취를 지니고 있다면
선종의 가르침에 담긴 현묘한 이치를 깨달을 것이다.

一字不識, 而有詩意者, 得詩家眞趣. 一偈不參, 而有禪味者,
일 자 불 식   이 유 시 의 자   득 시 가 진 취   일 게 불 참   이 유 선 미 자
悟禪敎玄機.
오 선 교 현 기

🌱 마음이 흔들리면 활 그림자도 뱀으로 보이니

마음이 흔들리면
활 그림자도 뱀으로 보이고 누운 바위도 엎드린 호랑이로 보이니,
이 속에는 온통 살기가 서려 있다.
마음이 가라앉으면
석호도 바다 갈매기처럼 되고 개구리 소리도 음악으로 들리니,
이르는 곳마다 참된 이치를 보게 된다.

機動的, 弓影疑爲蛇蝎, 寢石視爲伏虎, 此中渾是殺氣. 念息的,
기 동 적 궁 영 의 위 사 갈 침 석 시 위 복 호 차 중 혼 시 살 기 염 식 적
石虎可作海鷗, 蛙聲可當鼓吹, 觸處俱見眞機.
석 호 가 작 해 구 와 성 가 당 고 취 촉 처 구 견 진 기

🎣 **해설**

　　이 글은 네 개의 고사가 바탕에 있습니다. 먼저 궁영의사갈弓影疑爲蛇
蝎은 '활 그림자를 뱀으로 잘못 안다'는 의미입니다. 진나라 때 악광樂廣이
라는 사람을 찾아온 손님이, 잔 속에 술에 비친 활의 그림자를 뱀으로 오
인하고서 병이 들었다가 그것이 활 그림자임을 알고 병이 완쾌하였다는
고사에서 유래하였습니다.

　　침석시위복호寢石視爲伏虎는 '누워 있는 바위를 엎드려 있는 호랑이로
잘못 보다'라는 의미입니다. 한무제 때의 명장인 이광李廣이 어느 날 사냥
을 나가서 풀밭에 있는 바위를 호랑이로 잘못 알고 활을 쏘았는데 화살이
바위에 꽂혔습니다. 바위임을 안 이광이 다시 한번 바위에 화살을 쏘았으
나 꽂히지 않았다는 고사에서 유래하였습니다.

석호가작해구石虎可作海鷗는 '석호가 갈매기처럼 온순하게 된다'는 의미입니다. 후조後趙의 왕이었던 석호는 포악하기 이를 데 없었으나 한 천축 승天竺僧에게 감화되어 갈매기처럼 유순하게 되었다는 고사에서 유래하였습니다.

와성가당고취蛙聲可當鼓吹는 '시끄러운 개구리 울음소리도 아름다운 음악 소리로 들린다'는 의미로 남재南齋의 세속의 일을 싫어하던 공규孔珪라는 사람이 시끄럽게 울어 대는 개구리 소리를 아름다운 연주 소리라고 말했다는 고사에서 유래하였습니다.

🌱 매어 두지 않은 배, 재가 된 나무

몸은 매어 두지 않은 배와 같으니
물이 흘러가면 따라 떠가든 멈추든 내맡기며,
마음은 이미 재가 된 나무와 같으니
칼로 쪼개든 향을 바르든 무슨 상관이 있겠는가.

身如不繫之舟, 一任流行坎止. 心似旣灰之木, 何妨刀割香塗.
신 여 불 계 지 주   일 임 류 행 감 지   심 사 기 회 지 목   하 방 도 할 향 도

🔖해설

몸은 매여 있지 않은 배와 같이 물결에 따라 흘러가거나 멈추게 두고,
마음은 죽은 나무와 같이 자르든, 칠을 하든 상관하지 말라는 것입니다.
몸과 마음을 대자연의 섭리에 맡겨 두면 순리대로 일이 풀리고 편안할 것
입니다.

🌱 꽃이나 풀이나 본성은 같다

사람의 정이란 꾀꼬리 소리를 들으면 즐거워하고
개구리 울음소리를 들으면 싫어하며,
꽃을 보면 가꾸고 싶어 하고
풀을 보면 뽑고자 하니,
이는 다만 형체와 기질로써 사물을 나누기 때문이다.
만일 본성으로 보게 된다면
하늘로부터 부여받은 자신의 능력을 울린 것이며
어느 것인들 자신의 생기를 펼친 것이 아니겠는가.

人情聽鶯啼則喜, 聞蛙鳴則厭, 見花則思培之, 遇草則欲去之.
인 정 청 앵 제 즉 희 문 와 명 즉 염 견 화 즉 사 배 지 우 초 즉 욕 거 지
但是以形氣用事. 若以性天視之, 何者非自鳴其天機,
단 시 이 형 기 용 사 약 이 성 천 시 지 하 자 비 자 명 기 천 기
非自暢其生意也.
비 자 창 기 생 의 야

🪴 모든 것은 자연의 섭리

머리카락이 빠지고 이가 성글어지는 것은
헛된 육신이 시들어 감이니 세월에 맡기고,
새가 노래하고 꽃이 피는 모습 속에서
자연 본연의 한결같은 진리를 깨달으라.

髮落齒疎, 任幻形之彫謝, 鳥吟花笑, 識自性之眞如.
발 락 치 소   임 환 형 지 조 사   조 음 화 소   식 자 성 지 진 여

해설

　영구불변하는 자연의 섭리 안에서 인생이 얼마나 덧없는 것인가를 깨닫
고, 그 같은 인생의 변화에 마음이 동요되지 말 것을 강조하고 있습니다.

🌸 숲속에서도 고요함을 보지 못하는 이유

마음이 욕심으로 가득 찬 사람은
차가운 연못에 물결이 끓어오르듯 하여
숲속에서도 고요함을 보지 못한다.
마음을 비운 사람은
무더위 속에서도 서늘함이 일어나듯 하여
저잣거리에 있어도 시끄러움을 느끼지 못한다.

欲其中者, 波沸寒潭, 山林不見其寂. 虛其中者, 冷生酷暑,
욕 기 중 자   파 비 한 담   산 림 불 견 기 적   허 기 중 자   냉 생 혹 서
朝市不知其喧.
조 시 부 지 기 원

🪴 많이 가진 사람은 크게 망하고
높이 오른 사람은 빨리 넘어진다

많이 가진 사람은 크게 망하니
가난해도 걱정 없이 사는 것이 부유한 것보다 나음을 알 수 있고,
높이 오른 사람이 빨리 넘어지니
비천해도 항상 편히 사는 것이 고귀한 것보다 나음을 알 수 있다.

多藏者厚亡, 故知富不如貧之無慮. 高步者疾顚,
다 장 자 후 망   고 지 부 불 여 빈 지 무 려   고 보 자 질 전

故知貴不如賤之常安.
고 지 귀 불 여 천 지 상 안

🪴 소나무에 맺힌 이슬로 먹을 간다

이른 새벽 창가에서 《주역》을 읽다가
소나무에 맺힌 이슬로 붉은 먹을 갈고,
낮에는 책상에서 불경을 담론하다가
대숲 바람결에 경쇠 소리 흘어 보낸다.

讀易曉窓, 丹砂研松間之露. 談經午案, 寶磬宣竹下之風.
독 역 효 창 단 사 연 송 간 지 로   담 경 오 안   보 경 선 죽 하 지 풍

 해설

세속을 잊은 유한幽閒의 경지, 명리와는 거리가 먼 초속적超俗的인 세계
를 담아 낸 문장입니다.

🌸 새장보다 산속의 새가 생기 있으니

꽃이 화분에 있으면
마침내 생기가 없어져 버리고,
새가 새장 안에 있으면
문득 자연의 맛이 줄어든다.
그러니 이것이 어찌 산속의 꽃이나 새가
한데 어울려 색색의 무늬를 이루며,
자유로이 날아다녀서
마음껏 즐거워하는 것과 같겠는가.

花居盆內, 終乏生機, 鳥入籠中, 便減天趣. 不若山間花鳥,
화거분내 종핍생기 조입롱중 변멸천취 불약산간화조
錯集成文, 翶翔自若, 自是悠然會心.
착집성문 고상자약 자시유연회심

🌱 이 몸이 내가 아님을 안다면

세상 사람은 자신에게 집착하여 '나'만이 참된 것으로 알기 때문에
온갖 좋고 싫음과 번뇌가 생겨난다.
옛사람이 말하기를 "내가 있음도 알지 못하면서
어찌 사물의 귀함을 알겠는가?"라고 하였고,
또 "이 몸이 내가 아님을 안다면
어찌 번뇌가 침입하겠는가?"라고 했으니
참으로 이치를 꿰뚫어 본 말이로다.

世人只緣認得我字太眞, 故多種種嗜好, 種種煩惱. 前人云:
세 인 지 연 인 득 아 자 태 진   고 다 종 종 기 호   종 종 번 뇌   전 인 운

"不復知有我, 何知物爲貴?" 又云: "知身不是我, 煩惱更何侵?"
　불 복 지 유 아   하 지 물 위 귀　　　우 운　　　지 신 불 시 아　번 뇌 갱 하 침

眞破的之言也.
진 파 적 지 언 야

🪴 늙었을 때의 마음으로 젊음을 보라

노쇠했을 때의 마음으로
지금의 젊은 시절을 바라볼 수 있어야
분주하게 공명을 좇는 마음을 버릴 수 있고,
쇠락했을 때의 마음으로
지금의 영화를 바라볼 수 있어야
사치스럽게 부귀를 추구하는 생각을 끊어 버릴 수 있다.

自老視少, 可以消奔馳角逐之心. 自瘁視榮, 可以絶紛華靡麗之念.
자 로 시 소 가 이 소 분 치 각 축 지 심   자 췌 시 영 가 이 절 분 화 미 려 지 념

🪴 영원한 내 것은 없다

인정과 세태는 잠깐 사이에 여러 가지로 변하니
지나치게 참된 것으로 여기지는 말라.
소강절이 이르기를
"지난날 내 것이라고 하던 것이 오늘날 다른 이의 것이 되었으니,
오늘 내 것이 내일에는 또 누구의 것이 될 것인가."라고 했는데
늘 이렇게 사물을 바라본다면
곧 가슴속의 얽매임을 풀 수 있을 것이다.

人情世態, 倏忽萬端, 不宜認得太眞. 堯夫云: "昔日所云我,
인 정 세 태   숙 홀 만 단   불 의 인 득 태 진   요 부 운   석 일 소 운 아

而今却是伊, 不知今日我, 又屬後來誰." 人常作是觀,
이 금 각 시 이   부 지 금 일 아   우 속 후 래 수   인 상 작 시 관

便可解却胸中罥矣.
변 가 해 각 흉 중 견 의

🪴 바쁜 가운데 냉정을, 힘든 가운데 열정을

아무리 바쁘더라도 냉철한 안목을 지닌다면
괴로운 생각을 덜게 되고
어려운 상황에 있을 때 열정을 지닌다면
많은 참 멋을 얻게 될 것이다.

熱鬧中, 著一冷眼, 便省許多苦心事. 冷落處, 存一熱心,
열 뇨 중 착 일 랭 안 변 생 허 다 고 심 사 냉 락 처 존 일 열 심

便得許多眞趣味.
변 득 허 다 진 취 미

🌱 가장 안락한 보금자리란

한 편에 즐거운 경지가 있으면
다른 한 편에는 즐겁지 않은 경지가 있으니
서로 상대를 이룬다.
한 편에 좋은 광경이 있으면
다른 한 편에는 좋지 못한 광경이 있어
서로 엇갈리는 법이다.
오직 집에서 먹는 평범한 식사와 벼슬 없는 생활이
가장 안락한 보금자리이다.

有一樂境界, 就有一不樂的相對等. 有一好光景,
유 일 락 경 계 취 유 일 불 락 적 상 대 등 유 일 호 광 경
就有一不好的相乘除. 只是尋常家飯, 素位風光,
취 유 일 불 호 적 상 승 제 지 시 심 상 가 반 소 위 풍 광
纔是個安樂的窩巢.
재 시 개 안 락 적 와 소

🪴 물아일체의 삶

발을 높이 걷고 창문을 활짝 열어
푸른 산과 맑은 물이 구름과 안개를 삼키고 토해 내는 것을 보면
천지의 자유자재한 조화를 느끼게 되고,
대나무 숲 무성한 곳에
제비가 새끼 치고 산비둘기 지저귀며 계절이 오가는 것을 보면
대자연과 내가 홀연히 하나 됨을 깨닫게 된다.

簾櫳高敞, 看靑山綠水呑吐雲煙, 識乾坤之自在. 竹樹扶疎,
염 롱 고 창 간 청 산 록 수 탄 토 운 연 식 건 곤 지 자 재 죽 수 부 소
任乳燕鳴鳩送迎時序, 知物我之兩忘.
임 유 연 명 구 송 영 시 서 지 물 아 지 량 망

🪴 이루려고 너무 애쓰지 말라

이룬 것은 반드시 무너지게 됨을 알면
성공하려는 마음을 지나치게 굳게 하지 않을 것이며,
살아 있는 것은 반드시 죽게 됨을 알면
삶을 보전하려는 일에 너무 애쓰지 않게 될 것이다.

知成之必敗, 則求成之心, 不必太堅. 知生之必死, 則保生之道,
지 성 지 필 패 즉 구 성 지 심 불 필 태 견 지 생 지 필 사 즉 보 생 지 도
不必過勞.
불 필 과 로

🪴 물살이 빨라도 가장자리는 고요하다

옛 고승이 말했다.

"대나무 그림자가 섬돌을 쓸어도 티끌이 일지 않고,

달빛이 연못을 뚫어도 물에는 흔적이 없다."

또 옛 선비가 말했다.

"물살이 아무리 빨라도 그 가장자리는 언제나 고요하고,

꽃잎이 산산이 흩어져도 마음은 저절로 한가하도다."

사람이 늘 이런 뜻을 가지고 사물을 대한다면

몸과 마음이 어찌 자유롭지 않겠는가.

古德云: "竹影掃階塵不動, 月輪穿沼水無痕."
고 덕 운   죽 영 소 계 진 부 동   월 륜 천 소 수 무 흔
吾儒云: "水流任急境常靜, 花落雖頻意自閑." 人常持此意,
오 유 운   수 류 임 급 경 상 정   화 락 수 빈 의 자 한   인 상 지 차 의
以應事接物, 身心何等自在.
이 응 사 접 물   신 심 하 등 자 재

266 ·

🌸 최고의 음악과 문장은 자연에 있다

숲 사이로 부는 솔바람 소리, 바위틈을 흐르는 샘물 소리를
고요한 가운데 들으면
천지의 음악임을 알게 되고,
풀 위의 안개 빛, 물속의 구름 그림자를
한가한 가운데 바라보면
천지에서 으뜸가는 문장임을 알게 된다.

林間松韻, 石上泉聲, 靜裡聽來, 識天地自然鳴佩. 草際烟光,
임 간 송 운 석 상 천 성 정 리 청 래 식 천 지 자 연 명 패 초 제 연 광
水心雲影, 閒中觀去, 見乾坤最上文章.
수 심 운 영 한 중 관 거 견 건 곤 최 상 문 장

🪴 골짜기는 메워도 사람의 마음은 못 메우니

눈으로 서진의 가시밭을 보면서도

오히려 시퍼런 칼날을 으스대고,

몸은 북망산의 여우와 토끼에 맡겨질 것인데도

여전히 황금을 아까워한다.

옛말에 이르기를

"사나운 짐승은 길들이기 쉬워도 사람의 마음은 길들이기 어렵고,

골짜기는 메울 수 있어도 사람의 마음은 메우기 어렵다."라고 한
것은

참으로 옳은 말이로다.

眼看西晉之荊榛, 猶矜白刃. 身屬北邙之狐兎, 尙惜黃金.
안 간 서 진 지 형 진   유 긍 백 인   신 속 북 망 지 호 토   상 석 황 금

語云: "猛獸易伏, 人心難降. 谿壑易滿, 人心難滿." 信哉.
어 운   맹 수 이 복   인 심 난 항   계 학 이 만   인 심 난 만   신 재

🪴 마음에 동요가 없으면

마음에 바람과 물결이 일지 않으면
가는 곳마다 푸른 산, 맑은 물이요,
천성 속에 만물을 기르는 기운이 있으면
이르는 곳마다 고기가 뛰어오르고 솔개가 나는 것을 볼 것이다.

心地上無風濤, 隨在皆靑山綠水. 性天中有化育, 觸處見魚躍鳶飛.
심 지 상 무 풍 도   수 재 개 청 산 녹 수   성 천 중 유 화 육   촉 처 견 어 약 연 비

해설

　마음에 아무런 동요가 없으면 어디에 가든 푸른 산과 푸른 나무에 에
워싸인 심경이 될 것이고, 자기 본성 안에 만물을 생육하는 기운을 자각
하기만 한다면 어디에서 무엇을 하든 고기가 연못에서 뛰어오르고, 솔개
가 하늘을 날아다니는 것과 같은 천지의 생의生意를 볼 수 있을 것입니다.
그러니 욕망의 물결을 잠재워 평정심을 가짐으로써 마음에 조금도 불균
형이 없도록 해야 합니다. 또한 내 마음속을 들여다보아 만물을 생육하게
하는, 생명을 향한 무한한 의지를 발견해야 합니다.

🪴 왜 본성에 따라 살지 않는가

고관대작이라도

가벼운 도롱이와 작은 삿갓을 쓴 이의 가볍고 편안한 모습을 보면

문득 부러워 탄식하지 않을 수 없고,

고대광실에 사는 부자라도

성긴 발, 깨끗한 책상에서 한가롭고 고요하게 보내는 이를 만나면

그리워하는 마음이 일지 않을 수 없을 것이다.

그런데 사람들은 성난 소처럼 쫓아가 빼앗기를 좋아하고,

발정 난 말처럼 달라붙어 명리를 취할 줄이나 알지

어찌 자기 본성에 맞게 살려고 하지 않는가.

峨冠大帶之士, 一旦睹輕蓑小笠, 飄飄然逸也, 未必不動其咨嗟.
아 관 대 대 지 사   일 단 도 경 사 소 립   표 표 연 일 야   미 필 부 동 기 자 차

長筵廣席之豪, 一旦遇疏簾淨几, 悠悠焉靜也, 未必不增其綣戀.
장 연 광 석 지 호   일 단 우 소 렴 정 궤   유 유 언 정 야   미 필 부 증 기 권 련

人奈何驅以火牛, 誘以風馬, 而不思自適其性哉.
인 내 하 구 이 화 우   유 이 풍 마   이 불 사 자 적 기 성 재

🪴 물고기는 물속에서 헤엄쳐도 물을 모른다

고기는 물속에서 헤엄을 치건만

물을 잊고,

새는 바람을 타고 날건만

바람이 있음을 알지 못한다.

이런 이치를 알면

사물의 얽매임에서 벗어날 수 있고,

자연의 오묘한 이치를 즐길 수 있다.

魚得水逝, 而相忘乎水. 鳥乘風飛, 而不知有風.

어 득 수 서 이 상 망 호 수   조 승 풍 비 이 부 지 유 풍

識此可以超物累, 可以樂天機.

식 차 가 이 초 물 루   가 이 락 천 기

🪴 흥망성쇠는 따로 있지 않다

여우는 무너진 섬돌에서 잠자고 토끼는 황폐한 누대 위를 달리니
이 모두 지난 시절 노래하고 춤추던 터전이다.
이슬은 국화에 떨어져 싸늘하고 안개는 시든 풀에 감도니
이 모두 옛날의 싸움터이다.
융성하고 쇠퇴함이 어찌 늘 같고, 강자와 약자가 따로 있겠는가.
이것을 생각하면 마음은 식은 재처럼 싸늘해진다.

狐眠敗砌, 兎走荒臺, 盡是當年歌舞之地. 露冷黃花, 烟迷衰草,
호 면 패 체   토 주 황 대   진 시 당 년 가 무 지 지   노 랭 황 화   연 미 쇠 초

悉屬舊時爭戰之場. 盛衰何常, 強弱安在. 念此令人心灰.
실 속 구 시 쟁 전 지 장   성 쇠 하 상   강 약 안 재   염 차 령 인 심 회

🎵 해설

　　지난날 미희美姬의 노래와 춤을 즐기면서 그 위엄을 자랑하던 화려한
궁궐이 지금은 황폐하여 여우와 토끼의 소굴이 되었고, 천하를 다투던 옛
전쟁터는 국화에 차가운 이슬이 내리고, 시든 풀 위에 안개가 감돌아 처
량하기 짝이 없습니다. 지난날의 융성이 지금은 쇠퇴하고 어제의 강자가
오늘은 약자가 되는 무상함을 생각하면, 명리를 구하려는 불붙은 마음이
식은 재처럼 싸늘하게 변한다는 것입니다.

🌸 불나방 같지 않은 인생이 어디 있으랴

영화와 굴욕에 놀라지 않고
뜰 앞에 피었다 지는 꽃을 한가롭게 바라본다.
관직에 나아감과 물러남에 아랑곳하지 않고
하늘 위에 일고 걷히는 구름을 무심히 좇는다.
맑은 하늘과 밝은 달빛이 있으니
어딘들 날아갈 곳이 없을까마는
불나방은 스스로 촛불에 몸을 던지고,
맑은 샘물과 푸른 풀잎이 있어
어딘들 먹을 것이 없을까마는
올빼미는 굳이 썩은 쥐를 즐겨 먹는다.
아! 이 세상에 불나방, 올빼미 같지 않은 사람이 얼마나 되겠는가.

寵辱不驚, 閒看庭前花開花落. 去留無意, 漫隨天外雲卷雲舒.
총 욕 불 경   한 간 정 전 화 개 락   거 류 무 의   만 수 천 외 운 권 운 서
晴空朗月, 何天不可翔翔, 而飛蛾獨投夜燭. 淸泉綠卉,
청 공 랑 월   하 천 불 가 고 상   이 비 아 독 투 야 촉   청 천 녹 훼
何物不可飮啄, 而鴟鴉偏嗜腐鼠. 噫, 世之不爲飛蛾鴟鴉者,
하 물 불 가 음 탁   이 치 효 편 기 부 서   희   세 지 불 위 비 아 치 효 자
幾何人哉.
기 하 인 재

🪴 나귀 위에서 나귀를 찾는 어리석음

뗏목을 타고 강을 건넌 뒤
뗏목을 버릴 것을 생각한다면
이는 깨달음을 얻은 사람이다.
만약 나귀를 타고 있으면서도
나귀를 찾아 헤맨다면
결국 진리를 깨닫지 못한 선사가 될 뿐이다.

纔就筏便思舍筏, 方是無事道人
재 취 벌 변 사 사 벌   방 시 무 사 도 인
若騎驢又復覓驢, 終爲不了禪師.
약 기 려 우 부 멱 려   종 위 불 료 선 사

274 ·

쇠를 녹이는 풀무처럼, 눈을 녹이는 끊는 물처럼

권세 있고 부귀한 이들이 용처럼 다투고

영웅호걸들이 범처럼 싸우지만

냉정한 눈으로 이것을 본다면

개미가 비린내 나는 것에 모여들고

파리 떼가 다투어 피를 빠는 것과 같다.

시비의 다툼이 벌떼처럼 일어나고

이해득실을 따짐이 고슴도치 바늘처럼 일어서지만

냉정한 마음으로 이것을 맞는다면

풀무로 쇠를 녹이고

끊는 물로 눈을 녹이는 것처럼 스러질 것이다.

權貴龍驤, 英雄虎戰. 以冷眼視之, 如蟻聚羶, 如蠅競血.
권 귀 룡 양 영 웅 호 전   이 랭 안 시 지   여 의 취 전   여 승 경 혈
是非蜂起, 得失蝟興. 以冷情當之, 如冶化金, 如湯消雪.
시 비 봉 기   득 실 위 흥   이 랭 정 당 지   여 야 화 금   여 탕 소 설

🌸 본성에 따라 유유자적하라

물욕에 얽매이면 우리 삶이 애달픈 것임을 깨닫게 되고,
본성 따라 유유히 노닐면
우리 삶이 즐거운 것임을 깨닫게 된다.
그 애달픔을 알면 속세의 욕심이 사라져 버리게 되고,
그 즐거움을 알면 성인의 경지에 저절로 이르게 된다.

羈鎖於物欲, 覺吾生之可哀. 夷猶於性眞, 覺吾生之可樂.
기 쇄 어 물 욕 각 오 생 지 가 애 이 유 어 성 진 각 오 생 지 가 락
知其可哀, 則塵情立破. 知其可樂, 則聖境自臻.
지 기 가 애 즉 진 정 립 파 지 기 가 락 즉 성 경 자 진

🌸 마음속에 물욕이 없으면

마음속에 조금의 물욕도 없다면
번뇌는 화롯불에 눈이 녹듯,
햇살에 얼음이 녹듯 스러질 것이다.
눈앞에 한 조각 밝은 마음이 있으면
언제나 밝은 달이 푸른 하늘에 있고
달빛이 물결 위에 반짝이는 것을 볼 수 있을 것이다.

胸中旣無半點物欲, 已如雪消爐焰氷消日. 眼前自有一段空明,
흉 중 기 무 반 점 물 욕 이 여 설 소 로 염 빙 소 일 안 전 자 유 일 단 공 명
始見月在靑天影在波.
시 견 월 재 청 천 영 재 파

🪴 시상과 흥취는 자연에서 일어난다

다리 위를 지나다가 불현듯 떠오른 시상을
나직이 읊조리니
숲과 골짜기의 기운이 문득 천지에 가득하다.
세속을 벗어난 맑은 흥취는 고요한 호숫가에 있으니,
혼자서 거닐면
산과 물이 서로 비춘다.

詩思在灞陵橋上, 微吟就, 林岫便已浩然. 野興在鏡湖曲邊,
시 사 재 파 릉 교 상   미 음 취   임 수 변 이 호 연   야 흥 재 경 호 곡 변

獨往時, 山川自相映發.
독 왕 시   산 천 자 상 영 발

🪴 오래 엎드려 있던 새가 높이 난다

오래 엎드려 있던 새는 반드시 높이 날고,
먼저 핀 꽃은 홀로 일찍 진다.
이러한 이치를 알면
발을 헛디딜 근심을 면할 수 있고,
성급하게 일을 이루려는 마음도 사라질 것이다.

伏久者, 飛必高, 開先者, 謝獨早. 知此, 可以免蹭蹬之憂,
복구자 비필고 개선자 사독조 지차 가이면충등지우
可以消躁急之念.
가이소조급지념

🪴 관 뚜껑 덮은 뒤에야 알게 되는 것

나무는 뿌리만 남은 뒤에야
꽃과 가지와 잎이 헛된 영화였음을 알게 되고,
사람은 관 뚜껑을 덮은 다음에야
자손과 재물이 소용없음을 알게 된다.

樹木至歸根, 而後知花萼枝葉之徒榮. 人事至蓋棺,
수목지귀근 이후지화악지엽지도영 인사지개관
而後知子女玉帛之無益.
이후지자녀옥백지무익

🪴 욕망을 따르는 것도 괴로움, 욕망을 끊는 것도 괴로움

참된 비어 있음은 비어 있음이 아니고,
형상에 집착하는 것도 진리가 아니고,
형상을 깨뜨리는 것도 진리가 아니다.
묻노니, 세존께서 무어라 말씀하셨는가?
'속세에 있으면서 속세를 벗어나라.
욕망을 따르는 것도 괴로움이요,
욕망을 끊는 것 또한 괴로움이라' 하셨으니,
우리 스스로 몸과 마음을 갈고닦기에 달려 있다.

眞空不空. 執相非眞. 破相亦非眞. 問: 世尊如何發付.
진 공 불 공 집 상 비 진 파 상 역 비 진 문 세 존 여 하 발 부
在世出世, 徇欲是苦, 絶欲亦是苦. 聽吾儕善自修持.
재 세 출 세 순 욕 시 고 절 욕 역 시 고 청 오 제 선 자 수 지

🪴 형태는 달라도 본질은 매한가지

의로운 선비는 큰 나라도 사양하고,
탐욕스러운 사람은 한 푼의 돈을 놓고도 다투니
그 인품은 하늘과 땅 차이지만
영예와 이익을 좋아하는 것에는 다를 바가 없다.
천자는 나라를 잘 다스리려고 마음을 졸이고,
거지는 조석의 끼니를 구걸하려고 애타게 호소하니,
그 신분은 하늘과 땅 차이지만
애태우는 마음과 목소리는 다를 바가 없다.

烈士讓千乘, 貪夫爭一文. 人品星淵也, 而好名不殊好利.
열 사 양 천 승 탐 부 쟁 일 문 인 품 성 연 야 이 호 명 불 수 호 리

天子營國家, 乞人號饔飱. 位分霄壤也, 而焦思, 何異焦聲?
천 자 영 국 가 걸 인 호 옹 손 위 분 소 양 야 이 초 사 하 이 초 성

🔖 해설

천승千乘의 큰 나라를 사양하는 것은 분명 보통 사람이 할 수 있는 일이
아닙니다. 그러나 진심에서 우러나 한 거절이 아니라 큰 나라를 사양했다
는 명성과 평판을 듣기 위해 그리 한 것이라면 이는 영예를 탐한 것이니,
욕심쟁이가 한 푼의 돈을 두고 다투는 것과 다를 바 없습니다.

🪴 온전히 알면 끄덕일 뿐

세상의 맛을 깊이 알면
손바닥을 뒤집듯 하는 세태를
눈 뜨고 보는 것도 귀찮아하고,
사람의 마음을 온전히 깨달으면
소라고 부르건 말이라고 부르건
부르는 대로 따라서 다만 머리를 끄덕일 뿐이다.

飽諳世味, 一任覆雨翻雲, 總慵開眼. 會盡人情, 隨敎呼牛喚馬,
포 암 세 미 일 임 복 우 번 운 총 용 개 안 회 진 인 정 수 교 호 우 환 마
只是點頭.
지 시 점 두

🌱지금 이 순간에 머물라

오늘날 사람들은
온 힘을 다해 잡념을 없애려고 애쓰나
결국에는 없애지 못한다.
그러니 지나간 생각을 마음에 두지 말고,
앞으로 있을 일을 미리 추측하지 말며,
오직 현재에 관한 일만을 충실하게 처리해 나가면
차츰 무념무상의 경지로 들어가게 될 것이다.

今人專求無念, 而終不可無. 只是前念不滯, 後念不迎,
금 인 전 구 무 념　이 종 불 가 무　지 시 전 념 불 체　후 념 불 영
但將現在的隨緣, 打發得去, 自然漸漸入無.
단 장 현 재 적 수 연　타 발 득 거　자 연 점 점 입 무

바람은 저절로 불 때 가장 상쾌하다

마음에 문득 깨닫는 바가 있으면
이것이 가장 좋은 경계요,
사물은 자연 그대로의 상태에 있어야
비로소 참모습을 볼 수 있다.
만약 조금이라도 인위적으로 고쳐 놓으면,
마음의 흥취는 오히려 줄어들게 된다.
백거이가 "마음은 아무 일 없을 때 가장 평안하고,
바람은 저절로 불 때 가장 상쾌하다."라고 하였는데,
참으로 음미해 볼 만한 말이다.

意所偶會, 便成佳境, 物出天然, 纔見眞機. 若加一分調停布置,
의 소 우 회 변 성 가 경 물 출 천 연 재 견 진 기 약 가 일 분 조 정 포 치

趣味便減矣. 白氏云: "意隨無事適, 風逐自然淸." 有味哉,
취 미 변 감 의 백 씨 운   의 수 무 사 적 풍 축 자 연 청   유 미 재

其言之也.
기 언 지 야

🌸 천성이 맑으면

천성이 맑으면
배고픔과 목마름을 면한 정도로도
심신을 건강하게 할 수 있지만,
심지가 어두워 흔들리면
비록 선을 말하고 게송을 읊는다 할지라도
이는 모두 정신을 희롱하는 것일 뿐이다.

性天澄徹, 卽饑喰渴飮, 無非康濟身心. 心地沈迷, 縱談禪演偈,
성 천 징 철   즉 기 식 갈 음   무 비 강 제 신 심   심 지 침 미   종 담 선 연 게
總是播弄精魂.
총 시 파 롱 정 혼

🪴 잡념을 끊어야 노닌다

사람의 마음에는 하나의 참된 경계가 있어
거문고와 피리가 아니더라도 절로 편안하고 즐거워지며,
향 사르고 차 마시지 않더라도 절로 맑고 향기로워진다.
모름지기 생각을 깨끗이 하고,
보고 듣는 것을 끊어 잡념을 잊고 형체를 바로 풀어야
비로소 그 가운데 노닐 수 있다.

人心有個眞境, 非絲非竹而自恬愉, 不煙不茗而自淸芬.
인 심 유 개 진 경   비 사 비 죽 이 자 념 유   불 연 불 명 이 자 청 분
須念淨境空, 慮忘形釋, 纔得以游衍其中.
수 념 정 경 공   여 망 형 석   재 득 이 유 연 기 중

🪴 참다운 깨달음은 세상일에서 온다

금은 광석에서 나오고
옥은 돌 속에서 생기니
참다운 깨달음도 현상계를 떠나서는 구할 수가 없다.
술 가운데서 도를 얻고
꽃 속에서 신선을 만났다고 하는 것은
운치는 있지만 세상일을 겪는 가운데서 얻어진 것이 아니니
속세를 벗어날 수는 없을 것이다.

金自鑛出, 玉從石生. 非幻無以求眞. 道得酒中, 仙遇花裡.
금 자 광 출   옥 종 석 생   비 환 무 이 구 진   도 득 주 중   선 우 화 리
雖雅不能離俗.
수 아 불 능 리 속

🪴 깨달은 눈으로 보면 모두가 하나

천지 가운데 만물이 있고,

인륜 가운데 온갖 감정이 있으며,

세상 가운데 온갖 일들이 벌어진다.

세속의 눈으로 보면 저마다 다르지만,

깨달은 눈으로 보면 다르지 않으니,

어찌 번거로이 분별하며 취하고 버릴 필요가 있겠는가.

天地中萬物, 人倫中萬情, 世界中萬事. 以俗眼觀, 紛紛各異,
천 지 중 만 물 인 륜 중 만 정 세 계 중 만 사 이 속 안 관 분 분 각 이

以道眼觀, 種種是常. 何煩分別, 何用取捨.
이 도 안 관 종 종 시 상 하 번 분 별 하 용 취 사

🪴 모든 것은 생각에 달려 있으니

정신이 올곧으면

좁은 방에서 베 이불을 덮고도 천지의 생기를 얻고,

맛에 집착하지 않으면

명아주 국에 밥을 먹고도 인생의 담박한 참맛을 알게 된다.

神酣, 布被窩中, 得天地冲和之氣. 味足, 藜羹飯後, 識人生澹泊之眞.
신 감 포 피 와 중 득 천 지 충 화 지 기 미 족 여 갱 반 후 식 인 생 담 박 지 진

🪴 깨닫지 못하면 절간도 속세

얽매임과 벗어남은 자신의 마음에 달린 것이니
깨달음을 얻으면 푸줏간과 주막도 극락정토가 되고,
거문고와 학을 벗 삼고 꽃과 풀을 심고 가꾸어 즐거울지라도
악마의 방해는 늘 있다.
옛말에 이르기를 "쉴 수 있다면 속세도 참된 경지가 되고,
깨달음이 없으면 절간도 속세의 집이 된다."고 했는데,
그 말이 진실로 맞도다.

纏脫只在自心. 心了, 則屠肆糟店, 居然淨土. 不然, 縱一琴一鶴,
전 탈 지 재 자 심   심 료   즉 도 사 조 점   거 연 정 토   불 연   종 일 금 일 학
一花一卉, 嗜好雖淸, 魔障終在. 語云:"能休, 塵境爲眞境 未了,
일 화 일 훼   기 호 수 청   마 장 종 재   어 운   능 휴   진 경 위 진 경   미 료
僧家是俗家." 信夫.
승 가 시 속 가   신 부

🌸 족하지 않은가

비좁은 방에서 살지라도 모든 상념을 버릴 수 있다면
'단청을 올린 들보에 구름 날고,
구슬발 걷고서 내리는 비를 본다'는 말을 해서 무엇하겠는가.
석 잔 술을 마신 후에 모든 진리를 깨닫는다면
허름한 거문고를 달 아래서 비껴 뜯고
피리를 불어 맑은 바람에 실어 보내는 것만으로도 족하지 않겠는가.

斗室中, 萬慮都捐, 說甚畵棟飛雲, 珠簾捲雨. 三杯後, 一眞自得,
두실중 만려도연 설심화동비운 주렴권우 삼배후 일진자득
唯知素琴橫月, 短笛吟風.
유지소금횡월 단적음풍

🪴 정신은 사물에 부딪혀 움직인다

모든 소리가 고요해진 가운데
홀연히 한 마리 새가 우는 소리를 들으면
문득 그윽한 흥취가 일어나고,
모든 초목이 시든 다음에
한 가지의 꽃이 피어난 것을 보면
무한한 삶의 기운을 느낀다.
이로써 사람의 본성은 항상 메마르지 않고,
정신은 사물에 부딪혀 일어나는 것을 알 수 있다.

萬籟寂廖中, 忽聞一鳥弄聲, 便喚起許多幽趣. 萬卉摧剝後,
만 뢰 적 료 중   홀 문 일 조 롱 성   변 환 기 허 다 유 취   만 훼 최 박 후

忽見一枝擢秀, 便觸動無限生機. 可見, 性天未常枯槁,
홀 견 일 지 탁 수   변 촉 동 무 한 생 기   가 견   성 천 미 상 고 고

機神最宜觸發.
기 신 최 의 촉 발

🪴 심신을 다스림에도 중용이 필요하다

백거이는 "몸과 마음을 자유롭게 풀어놓아
오묘한 자연의 이치에 내맡기는 것이 낫다."고 했고,
조보지는 "몸과 마음을 단속하여
흔들림 없이 고요한 상태로 돌아가는 것이 낫다."고 했다.
그러나 몸과 마음을 풀어놓기만 하면 제멋대로 날뛰게 되고,
단속하기만 하면 도리어 생기조차 잃고 마는 지경에 빠지게 된다.
오직 심신을 잘 다스리는 사람만이 치우침 없이 중심을 잡아,
풀어놓음과 거둠을 자유자재로 할 수 있는 것이다.

白氏云: "不如放身心, 冥然任天造." 晁氏云: "不如收身心,
백 씨 운   불 여 방 신 심 명 연 임 천 조   조 씨 운   불 여 수 신 심
凝然歸寂定." 放者流爲猖狂, 收者入於枯寂. 唯善操身心的,
응 연 귀 적 정   방 자 류 위 창 광 수 자 입 어 고 적 유 선 조 신 심 적
把柄在手, 收放自如.
파 병 재 수 수 방 자 여

🌺 자연과 사람의 마음이 한데 어울리니

눈 내린 밤에 달 밝은 하늘을 보면
마음이 문득 맑아지고,
봄바람의 따스한 기운을 만나면
뜻 또한 절로 녹아 부드러워진다.
자연과 사람의 마음이 한데 어울리니
조금의 틈도 없구나.

當雪夜月天, 心境便爾澄徹. 遇春風和氣, 意界亦自冲融.
당 설 야 월 천 심 경 변 이 징 철   우 춘 풍 화 기   의 계 역 자 충 융

造化人心, 混合無間.
조 화 인 심   혼 합 무 간

🪴 꾸밈없음에 무한함이 있다

글은 꾸밈없음으로 나아가고 도는 꾸밈없음으로 이루어진다.
이 꾸밈이 없음에 무한한 뜻이 있으니
'복사꽃이 핀 마을에서 개가 짖고 뽕나무밭에서 닭이 운다'고 하면
얼마나 순박한가.
그러나 '차가운 연못에 달 비추고 고목에서는 까마귀 운다'고 하면
교묘하게 다듬은 기교 가운데 처량한 기운을 느끼게 될 뿐이다.

文以拙進, 道以拙成. 一拙字有無限意味. 如桃源犬吠, 桑間鷄鳴,
문 이 졸 진 도 이 졸 성 일 졸 자 유 무 한 의 미 여 도 원 견 폐 상 간 계 명
何等淳龐. 至於寒潭之月, 古木之鴉, 工巧中便覺有衰颯氣象矣.
하 등 순 방 지 어 한 담 지 월 고 목 지 아 공 교 중 변 각 유 쇠 삽 기 상 의

🪴 사물을 부리는 사람, 사물에 부림 당하는 사람

자신의 의지로 사물을 부리고 있는 사람은,
얻었다 해서 기뻐하지 않고 잃었다 해서 근심하지 않으니
대지가 모두 그가 노니는 곳이 된다.
사물에 부림을 당하는 사람은
역경을 미워하고 순경順境만을 사랑하니,
털끝만 한 일도 그를 속박하게 된다.

以我轉物者, 得固不喜, 失亦不憂, 大地盡屬逍遙. 以物役我者,
이 아 전 물 자 득 고 불 희 실 역 불 우 대 지 진 속 소 요 이 물 역 아 자

逆固生憎, 順亦生愛, 一毛便生纏縛.
역 고 생 증 순 역 생 애 일 모 변 생 전 박

♣ 마음이 비면 세상도 공허하다

본체가 고요하면 현상도 따라 고요하니,

현상을 제쳐 두고 본체를 잡으려는 것은

그림자는 버리고 형체만 남기려는 것과 같다.

마음이 공허하면 바깥 세계도 따라 공허하니,

바깥 세계를 버리고 마음만을 남겨 두려는 것은

비린내 나는 것을 모아 둔 채 파리를 쫓으려는 것과 같다.

理寂則事寂. 遺事執理者, 似去影留形. 心空則境空. 去境存心者,
이 적 즉 사 적   견 사 집 리 자   사 거 영 류 형   심 공 즉 경 공   거 경 존 심 자
如聚羶却蚋.
여 취 전 각 예

🪴 유유자적하는 삶

은거하는 사람의 맑은 흥취는 유유자적하는 데 있다.
그러므로 술은 권하지 않는 것을 즐거움으로 삼고,
바둑은 승패를 겨루지 않는 것으로 참된 승부를 삼으며,
구멍 없는 피리와 줄 없는 거문고로써
어떤 음악에도 얽매이지 않는 것을 높이 여기고,
만남은 뒷날을 기약하지 않는 것을 참됨으로 삼으며,
손님은 마중과 배웅을 하지 않는 것을 서로 스스럼없다고 여긴다.
만약 한 번 겉치레에 사로잡히고 형식에 묶인다면
곧 속세의 고해로 떨어지고 말 것이다.

幽人淸事總在自適. 故酒以不勸爲歡, 棋以不爭爲勝.
유 인 청 사 총 재 자 적   고 주 이 불 권 위 환   기 이 부 쟁 위 승

笛以無腔爲適, 琴以無絃爲高. 會以不期約爲眞率,
적 이 무 강 위 적   금 이 무 현 위 고   회 이 불 기 약 위 진 솔

客以不迎送爲坦夷. 若一牽文泥跡, 便落塵世苦海矣.
객 이 불 영 송 위 탄 이   약 일 견 문 니 적   변 락 진 세 고 해 의

🪴 생의 이전과 이후를 생각하라

이 몸이 태어나기 전에는
어떤 모습이었을까를 생각해 보고,
또한 이 몸이 죽은 후에는
어떤 모습이 될까를 생각해 보라.
그러면 온갖 생각이 재처럼 식고
한 조각 본성만이 고요히 남아,
현실 세계를 초월하여 만물 밖 절대의 경지에서 노닐게 될 것이다.

試思未生之前有何象貌, 又思旣死之後作何景色, 則萬念灰冷,
시 사 미 생 지 전 유 하 상 모   우 사 기 사 지 후 작 하 경 색   즉 만 념 회 랭

一性寂然, 自可超物外遊象先.
일 성 적 연   자 가 초 물 외 유 상 선

🌸 닥치기 전에 아는 것이 지혜

병든 뒤에야 건강이 보배인 줄 생각하고,
난세에 처한 뒤에야 평화가 복인 것을 생각하는 것은
일찍 아는 지혜가 아니다.
복을 바라는 것이 재앙의 근본이 됨을 알며,
생을 탐하기에 앞서 그것이 죽음의 원인이 됨을 아는 것이야말로
탁월한 지혜일 것이다.

遇病而後思强之爲寶, 處亂而後思平之爲福, 非蚤智也.
우 병 이 후 사 강 지 위 보   처 란 이 후 사 평 지 위 복   비 조 지 야
倖福而先知其爲禍之本, 貪生而先知其爲死之因, 其卓見乎.
행 복 이 선 지 기 위 화 지 본   탐 생 이 선 지 기 위 사 지 인   기 탁 견 호

🪴 경기가 끝나면 승패는 없다

배우는 분 바르고 연지 찍어
붓끝으로 예쁘고 추함을 나타내지만
문득 노래가 끝나고 막이 내리면 예쁘고 추함은 어디에 있는가.
바둑 두는 이는 앞뒤를 다투면서
바둑돌로 승패를 겨루지만
문득 판이 끝나고 돌을 거두면 승패는 어디에 있는가.

優人傳粉調硃, 效妍醜於毫端. 俄而歌殘場罷, 妍醜何存.
우 인 부 분 조 주　효 연 추 어 호 단　아 이 가 잔 장 파　연 추 하 존
奕者爭先競後, 較雌雄於著子, 俄而局盡子收, 雌雄安在.
혁 자 쟁 선 경 후　교 자 웅 어 저 자　아 이 국 진 자 수　자 웅 안 재

🪴 고요하고 한가해야 자연이 내 것

바람과 꽃의 시원하고 아름다움과 눈과 달의 깨끗하고 맑음은
오직 고요한 사람만이 주인이 될 수 있고,
물과 나무의 무성함과 앙상함, 대나무와 바위의 자라남과 사라짐은
오로지 한가로운 사람만이 제 것으로 할 수 있다.

風花之瀟洒, 雪月之空淸, 唯靜者爲之主. 水木之榮枯,
풍 화 지 소 쇄　설 월 지 공 청　유 정 자 위 지 주　수 목 지 영 고
竹石之消長, 獨閑者操其權.
죽 석 지 소 장　독 한 자 조 기 권

🌱 삶의 가장 높은 경지

시골의 농부나 산간의 노인들은
맛 좋은 닭고기와 시원한 탁주 얘기를 하면 기꺼이 즐거워하나,
고급 요리를 물으면 알지 못한다.
또한 무명옷과 짧은 베옷을 얘기하면 유유히 즐거워하되,
비단옷에 관해 물으면 알지 못한다.
그들의 본성이 온전한 까닭에
그 욕망 또한 따라 담박하니,
이것이 인생 제일의 경지이다.

田夫野叟, 語以黃鷄白酒, 則欣然喜, 問以鼎食, 則不知.
전 부 야 수   어 이 황 계 백 주   즉 흔 연 희   문 이 정 식   즉 부 지

語以縕袍短褐, 則油然樂, 問以袞服, 則不識. 其天全, 故其欲淡,
어 이 온 포 단 갈   즉 유 연 락   문 이 곤 복   즉 부 식   기 천 전   고 기 욕 담

此是人生第一個境界.
차 시 인 생 제 일 개 경 계

🪴 생각하지 않으려는 마음이 생각을 만든다

마음속에 망상이 없는데,
어찌 자신의 마음을 살펴볼 필요가 있겠는가.
불가에서 이르는 '자신의 본심을 살펴보라'는 말은
도리어 마음속의 망상을 더하는 것일 뿐이다.
만물이 본래 하나인데 어찌 다시 가지런하게 할 필요가 있겠는가.
장자가 말했던 '만물을 평등하게 본다'는 것은
오히려 그 동등한 것을 스스로 구별 짓는 것일 뿐이다.

心無其心, 何有於觀. 釋氏曰: 觀心者, 重增其障. 物本一物,
심 무 기 심 하 유 어 관 석 씨 왈 관 심 자 중 증 기 장 물 본 일 물
何待於齊. 莊生曰: 齊物者, 自剖其同.
하 대 어 제 장 생 왈 제 물 자 자 부 기 동

🪴 떨치고 일어서는 지혜

피리 소리, 노랫소리가 무르익었을 때,

문득 옷자락 떨치고 일어나서는 것은

통달한 사람이 벼랑길을 손 놓고 걸어가는 것 같아서 부럽다.

시간이 이미 늦은 때에

쉬지 않고 밤길을 다니는 것은

속된 선비가 그 몸을 고해에 담그는 것처럼 딱한 일이다.

笙歌正濃處, 便自拂衣長往, 羨達人撒手懸崖. 更漏已殘時,
생 가 정 농 처   변 자 불 의 장 왕   선 달 인 살 수 현 애   경 루 이 잔 시

猶然夜行不休, 咲俗士沈身苦海.
유 연 야 행 불 휴   소 속 사 침 신 고 해

🪴 마음을 잡지 못했다면 속세를 떠나라

마음이 아직 잡히지 않았다면
마땅히 시끄러운 속세를 떠나야 한다.
마음이 욕심낼 만한 것을 보지 못하게 하고
마음이 흐트러지지 않게 하여
내 마음의 바탕을 맑게 해야 한다.
마음을 이미 굳게 잡았거든
마땅히 다시 몸을 속세에 두고
욕심낼 만한 것을 보아도 어지럽지 않게 하여
원만한 마음의 기틀을 길러야 할 것이다.

把握未定, 宜絶迹塵囂. 使此心不見可欲而不亂, 以澄吾靜體.
파 악 미 정　의 절 적 진 효　사 차 심 불 견 가 욕 이 불 란　이 징 오 정 체
操持旣堅, 又當混跡風塵. 使此心見可欲而亦不亂, 以養吾圓氣.
조 지 기 견　우 당 혼 적 풍 진　사 차 심 견 가 욕 이 역 불 란　이 양 오 원 기

🌱 집착하는 마음이 어지러움의 뿌리

고요함을 좋아하고 시끄러움을 싫어하는 사람은
흔히 사람을 피하여 고요함을 찾는다.
아무도 없는 곳에 뜻을 두면
이는 곧 자신에게 얽매이게 되는 것이며,
마음이 고요함에만 집착한다면
이것이 바로 어지러움의 뿌리가 된다는 사실을 모르는 탓이다.
어찌 남과 나를 하나로 볼 수 있겠으며
시끄러움과 고요함을 다 잊는 경지에 도달할 수 있겠는가.

喜寂厭喧者, 往往避人以求靜. 不知, 意在無人便成我相,
희 적 염 훤 자 왕 왕 피 인 이 구 정 부 지 의 재 무 인 변 성 아 상
心着於靜便是動根. 如何到得人我一視, 動靜兩忘的境界.
심 착 어 정 변 시 동 근 여 하 도 득 인 아 일 시 동 정 량 망 적 경 계

🌱 자연과 만나라

산에 머무르면 가슴이 맑고 상쾌해져
어떤 것을 대하든 모두가 아름답다.
홀로 떠 있는 구름과 들판의 학을 보면
세속을 초월하는 생각이 일고,
바위틈 사이를 흐르는 샘물을 만나면
맑고 깨끗한 생각이 우러난다.
늙은 전나무와 한겨울의 매화를 어루만지면
곧은 절개가 굳게 서고,
물가 갈매기와 사슴 무리를 벗하면
번거로운 마음이 순식간에 사라진다.
그러나 만약 번잡한 세속에 몸을 들여놓게 되면
다른 사물과 관계를 맺지 않는다 하더라도,
이 몸은 다만 부질없는 존재가 될 뿐이다.

山居胸次淸洒, 觸物皆有佳思. 見孤雲野鶴, 而起超絶之思,
산 거 흉 차 청 쇄 촉 물 개 유 가 사 견 고 운 야 학 이 기 초 절 지 사

遇石澗流泉, 而動澡雪之思. 撫老檜寒梅, 而勁節挺立,
우 석 간 류 천 이 동 조 설 지 사 무 로 회 한 매 이 경 절 정 립

侶沙鷗麋鹿, 而機心頓忘. 若一走入塵寰, 無論物不相關,
여 사 구 미 록 이 기 심 돈 망 약 일 주 입 진 환 무 론 물 불 상 관

卽此身亦屬贅旒矣.
즉 차 신 역 속 췌 류 의

✿ 새와 흰 구름이 벗이 되니

흥겨움이 문득 일어나서
맨발로 풀밭을 한가로이 거닐면
새들도 마음 놓고 때때로 벗이 되고,
경치가 마음에 들어
낙화 아래 옷깃을 헤치고 앉으면
흰 구름도 말없이 곁에 와 머무른다.

興逐時來, 芳草中撤履閒行, 野鳥忘機時作伴. 景與心會,
흥 축 시 래   방 초 중 철 리 한 행   야 조 망 기 시 작 반   경 여 심 회
落花時披襟兀坐, 白雲無語漫相留.
낙 화 시 피 금 올 좌   백 운 무 어 만 상 류

🪴 마음이 맑으면 불꽃도 연못이 된다

인생의 복과 재앙은 모두 마음속에서 이루어진다.

그러므로 석가모니가 이르길

"욕심이 불같이 타오르면 그것이 곧 불구덩이요,

탐애에 빠지면 그것이 곧 고해가 되며,

마음이 맑으면 불꽃도 연못이 되고,

마음을 깨달으면 배는 피안에 오른다."라고 하였다.

이렇듯 생각이 달라지면 경지가 변하니,

어찌 삼가지 않을 수 있겠는가.

人生福境禍區, 皆念想造成. 故釋氏云:"利欲熾然, 卽時火坑,
인생복경화구 개념상조성 고석씨운   이욕치연 즉시화갱

貪愛沈溺, 便爲苦海. 一念淸淨, 熱焰成池, 一念警覺, 船登彼岸."
탐애침닉 변위고해 일념청정 열염성지 일념경각 선등피안

念頭稍異, 境界頓殊. 可不愼哉.
염두초이 경계돈수 가불신재

🌱 물방울이 모여 돌을 뚫는다

새끼줄도 톱 삼아 삼아 오래 톱질하면 나무를 자르고,
물방울도 오래 떨어지면 돌을 뚫는다.
도를 배우는 사람은 모름지기 힘써 노력하는 것을 구해야 한다.
물이 모이면 도랑이 되고,
참외는 익으면 꼭지가 떨어지니
도를 얻으려는 사람은 온전하게 하늘에 맡겨야 할 것이다.

繩鋸木斷, 水滴石穿. 學道者須加力索. 水到渠成, 瓜熟蒂落.
승 거 목 단　수 적 석 천　학 도 자 수 가 력 색　수 도 거 성　과 숙 체 락
得道者一任天機.
득 도 자 일 임 천 기

🌱 마음에도 달이 뜨고 바람이 부니

마음을 잠재우면 문득 달이 뜨고 바람이 부니,
세상이 반드시 고해는 아니다.
마음을 멀게 하면 수레의 먼지와 말발굽 소리도 절로 없어지니,
어찌 산속이 그리워 병이 들겠는가.

機息時, 便有月到風來, 不必苦海人世. 心遠處, 自無車塵馬迹,
기 식 시　변 유 월 도 풍 래　불 필 고 해 인 세　심 원 처　자 무 거 진 마 적
何須痼疾丘山.
하 수 고 질 구 산

🪴 잎이 지면 다시 뿌리에서 새싹이 돋듯

풀과 나무는 시들어 떨어지면
곧 다시 뿌리에서 새싹이 돋아나고,
계절은 얼어붙는 추위가 닥쳐와도 마침내 봄기운이 돌아온다.
만물을 죽이는 기운 가운데서도
만물을 생성하는 것이 자연의 주인이 되니,
이로써 능히 천지의 뜻을 볼 수 있다.

草木纔零落, 便露萌穎於根底. 時序雖凝寒, 終回陽氣於飛灰.
초 목 재 영 락   변 로 맹 영 어 근 저   시 서 수 응 한   종 회 양 기 어 비 회
肅殺之中, 生生之意, 常爲之主. 卽是可以見天地之心.
숙 살 지 중   생 생 지 의   상 위 지 주   즉 시 가 이 견 천 지 지 심

🪴 비 갠 뒤 산 빛을 보면

비 갠 뒤에 산 빛을 바라보면
경치가 문득 새롭게 느껴지고,
고요한 밤에 종소리를 들으면
울림이 더욱 맑게 들린다.

雨餘觀山色, 景象便覺新姸. 夜靜聽鐘聲, 音響尤爲淸越.
우 여 관 산 색   경 상 변 각 신 연   야 정 청 종 성   음 향 우 위 청 월

🌱 높은 곳에 오르면 마음이 넓어지고 흐르는 물을 보면 뜻이 깊어진다

높은 곳에 오르면 사람의 마음이 넓어지고,
흐르는 물을 보면 사람의 뜻도 깊어진다.
눈비 오는 밤에 글을 읽으면 정신이 맑아지고,
언덕에 올라 시를 읊노라면 시의 흥취가 더욱 돋우어진다.

登高使人心曠, 臨流使人意遠. 讀書於雨雪之夜, 使人神淸,
등 고 사 인 심 광   임 류 사 인 의 원   독 서 어 우 설 지 야   사 인 신 청
舒嘯於丘阜之嶺, 使人興邁.
서 소 어 구 부 지 령   사 인 흥 매

🌱 마음이 좁으면 터럭도 수레바퀴 같으니

마음이 넓으면
큰 부귀도 질그릇같이 하찮게 보이고,
마음이 좁으면
터럭같이 사소한 일도 수레바퀴처럼 크게 보인다.

心曠則萬鍾如瓦缶, 心隘則一髮似車輪.
심 광 즉 만 종 여 와 부   심 애 즉 일 발 사 거 륜

310 ·

🌱 주체가 되어 사물을 움직이면

바람과 달, 꽃과 나무가 없으면
자연의 조화는 이루어지지 못하고,
욕망과 기호 같은 인간의 속성이 없으면
본래의 마음은 갖추어지지 못한다.
다만 자신이 주체가 되어 사물을 움직이고
사물에 부림을 당하지 않는다면
기호와 욕망도 천기가 아닌 것이 없으며,
속세의 인정도 도의 경지에 이를 것이다.

無風月花柳, 不成造化. 無情欲嗜好, 不成心體. 只以我轉物,
무 풍 월 화 류 불 성 조 화 무 정 욕 기 호 불 성 심 체 지 이 아 전 물

不以物役我, 則嗜欲莫非天機, 塵情卽是理境矣.
불 이 물 역 아 즉 기 욕 막 비 천 기 진 정 즉 시 리 경 의

🪴 자신을 알아야 만물을 다스린다

자기 한 몸에 대하여 온전히 깨달은 사람은
능히 만물로써 만물을 맡길 수 있고,
천하를 천하에 되돌리는 사람은
능히 속세에 있으면서도 속세를 벗어날 수 있다.

就一身了一身者, 方能以萬物付萬物. 還天下於天下者,
취 일 신 료 일 신 자 방 능 이 만 물 부 만 물   환 천 하 어 천 하 자
方能出世間於世間.
방 능 출 세 간 어 세 간

🪴 너무 한가해도 바빠도 안 되니

사람이 너무 한가하면 슬그머니 딴생각이 생기고,
너무 바쁘면 본성이 드러나지 않는다.
그러므로 선비는 몸과 마음에 근심을 지녀 잡념을 경계하는 한편
청풍명월의 정취도 즐겨야 한다.

人生太閑, 則別念竊生, 太忙, 則眞性不現.
인 생 태 한 즉 별 념 절 생 태 망 즉 진 성 불 현
故士君子不可不抱身心之憂, 亦不可不耽風月之趣.
고 사 군 자 불 가 불 포 신 심 지 우   역 불 가 불 탐 풍 월 지 취

🌱 잡념 없이 고요히 머물 수 있다면

사람의 마음은 대체로 동요하는 가운데 본질을 잃는다.
아무런 생각도 일으키지 않고
마음이 맑은 상태에서 고요히 앉아 있으면,
구름이 피어오르면 유연히 함께 흘러가고,
비가 내리면 서늘히 더불어 상쾌해지며,
새 지저귀면 그 소리에 즐거이 느끼는 바가 있고,
꽃이 지면 그 모습에 초연히 깨닫는 바가 있을 것이다.
이러한 경지에 이르면
어느 곳인들 진리의 세계가 아니겠으며,
어느 것엔들 오묘한 이치가 없겠는가.

人心多從動處失眞. 若一念不生, 澄然靜坐, 雲興而悠然共逝,
인 심 다 종 동 처 실 진   약 일 념 불 생   징 연 정 좌   운 흥 이 유 연 공 서
雨滴而冷然俱淸, 鳥啼而欣然有會, 花落而瀟然自得.
우 적 이 랭 연 구 청   조 제 이 흔 연 유 회   화 락 이 소 연 자 득
何地非眞境, 何物非眞機.
하 지 비 진 경   하 물 비 진 기

🪴 온전한 기쁨도, 온전한 근심도 없다

자식을 낳을 때는 그 어머니가 위태롭게 되고,
돈이 모이게 되면 도둑이 엿보게 되니
어느 기쁨인들 근심 아닌 것이 있겠는가.
가난은 비용을 절약하게 하고,
병은 몸을 보전하게 하니
어느 근심인들 기쁨 아닌 것이 있겠는가.
그러므로 통달한 사람은 순경과 역경을 같이 보며,
기쁨과 슬픔을 모두 잊어버린다.

子生而母危, 鏹積而盜窺, 何喜非憂也. 貧可以節用, 病可以保身,
자 생 이 모 위　강 적 이 도 규　하 희 비 우 야　빈 가 이 절 용　병 가 이 보 신
何憂非喜也. 故達人當順逆一視而欣戚兩忘.
하 우 비 희 야　고 달 인 당 순 역 일 시 이 흔 척 량 망

🪴 그저 지나가게 두라

귀는 마치 회오리바람이 골짜기에 소리를 울리는 것 같아서
지나가게 두고 메아리가 남지 않게 하면
시비도 함께 사라진다.
마음은 마치 연못에 달빛이 비치는 것과 같아서
비어서 어디에도 머물지 않게 하면
사물과 나를 모두 잊게 된다.

耳根似颺谷投響, 過而不留, 則是非俱謝. 心境如月池浸色,
이 근 사 표 곡 투 향   과 이 불 류   즉 시 비 구 사   심 경 여 월 지 침 색
空而不著, 則物我兩忘.
공 이 불 착   즉 물 아 량 망

🌱 세상을 고통의 바다로 만드는 건 마음

세상 사람들은 부질없는 것들을 바라는 마음에 얽매여,

티끌 같은 세상이요 고통의 바다라고 말하지만,

이것은 모두 구름이 희고 산은 푸르며,

냇물이 흐르고 바위는 우뚝 서고,

꽃이 피어 새를 반기며,

골짜기가 나무꾼의 노랫소리에 화답함을 알지 못해 그런 것이다.

이 세상은 티끌도 아니고 또한 고통의 바다도 아니건만

스스로 자기 마음에 티끌이라, 고통이라 하는 것이다.

世人爲榮利纏縛, 動曰塵世苦海. 不知雲白山靑, 川行石立,
세 인 위 영 리 전 박   동 왈 진 세 고 해   부 지 운 백 산 청   천 행 석 립
花迎鳥咲, 谷答樵謳. 世亦不塵, 海亦不苦, 彼自塵苦其心爾.
화 영 조 소   곡 답 초 구   세 역 부 진   해 역 불 고   피 자 진 고 기 심 이

🪴 넘치면 화가 된다

꽃은 반쯤 피었을 때 보고
술은 적당히 취하도록 마시면
참다운 아름다움이 그 속에 있다.
꽃이 활짝 피고 술에 흠뻑 취하면
도리어 재앙의 경지에 이르게 되니,
가득 찬 곳에 있는 사람은 마땅히 이를 생각해야 한다.

花看半開, 酒飲微醺, 此中大有佳趣. 若至爛漫酕醄, 便成惡境矣.
화 간 반 개   주 음 미 훈   차 중 대 유 가 취   약 지 란 만 모 도   변 성 악 경 의
履盈滿者, 宜思之.
이 영 만 자   의 사 지

🪴 자연에 내맡기라

산나물은 사람이 가꾸지 않아도 저절로 자라고,
들짐승은 사람이 기르지 않아도 절로 자라지만
그 맛은 모두 향기롭고 맑다.
우리 사람들도 능히 세상에 물들지 않는다면
그 품격이 세속에서 벗어나 각별할 것이다.

山肴不受世間灌溉, 野禽不受世間豢養, 其味皆香而且冽.
산 효 불 수 세 간 관 개   야 금 불 수 세 간 환 양   기 미 개 향 이 차 렬
吾人能不爲世法所點染, 其臭味不迥然別乎.
오 인 능 불 위 세 법 소 점 염   기 취 미 불 형 연 별 호

🌱 보는 가운데 깨달음이 있어야 한다

꽃을 가꾸고 대나무를 심으며
학을 감상하고 물고기를 바라볼지라도
그 가운데서 깨닫는 것이 있어야 한다.
만약 눈앞의 풍광만 즐긴다면
이는 들은 것을 그대로 남에게 전하는 것이 고작인 학문이요,
불교에서 말하는 일체가 공空일 뿐이니,
어찌 참된 진리를 깨달았다고 하겠는가.

栽花種竹, 玩鶴觀魚, 又要有段自得處. 若徒留連光景, 玩弄物華,
재 화 종 죽   완 학 관 어   우 요 유 단 자 득 처   약 도 류 련 광 경   완 롱 물 화
亦吾儒之口耳, 釋氏之頑空而已. 何有佳趣.
역 오 유 지 구 이   석 씨 지 완 공 이 이   하 유 가 취

🌱 심신을 깨끗이 하라

산림에 묻혀 사는 선비는
청빈하게 살지만 고상한 정취가 저절로 넉넉하고,
들에서 일하는 농부는
거칠고 소박하지만 본성을 온전히 지녔다.
만약 이들이 시장판에서 한 번 몸을 잃어 거간꾼이 된다면
차라리 산골에 묻혀 이름 없이 살다 죽어,
몸과 마음을 깨끗이 하는 것만 못하리라.

山林之士, 清苦而逸趣自饒, 農野之夫, 鄙略而天眞渾具.
산 림 지 사   청 고 이 일 취 자 요   농 야 지 부   비 략 이 천 진 혼 구
若一失身市井馴儈, 不若轉死溝壑神骨猶清.
약 일 실 신 시 정 장 쾌   불 약 전 사 구 학 신 골 유 청

🌱 이유 없이 주어지는 것을 조심하라

분에 넘치는 복과 이유 없이 얻는 이익은
조물주의 낚싯밥이 아니라면
세상 사람들의 함정일 것이다.
이런 상황에서 안목을 갖고 멀리까지 살펴야
그 꾐에 빠지지 않을 것이다.

非分之福, 無故之獲, 非造物之釣餌, 卽人世之機阱.
비 분 지 복　무 고 지 획　비 조 물 지 조 이　즉 인 세 지 기 정
此處著眼不高, 鮮不墮彼術中矣.
차 처 착 안 불 고　선 불 타 피 술 중 의

🌱 꼭두각시놀음에서 벗어나려면

삶은 본디 한갓 꼭두각시놀음이니
그 밑동을 손에 쥐고 있어야 한다.
한 가닥 실도 헝클어짐 없이
감고 푸는 것이 자유로워야
움직이고 멈춤이 내 뜻에 있게 된다.
털끝만큼도 남의 간섭을 받지 않아야
곧 이 무대에서 벗어날 수 있으리라.

人生原是一傀儡, 只要根蒂在手. 一絲不亂, 卷舒自由, 行止在我.
인 생 원 시 일 괴 뢰　지 요 근 체 재 수　일 사 불 란　권 서 자 유　행 지 재 아

一毫不受他人提掇, 便超出此場中矣.
일 호 불 수 타 인 제 철　변 초 출 차 장 중 의

🌱 별일 없는 것이 복

한 가지 좋은 일이 일어나면 한 가지 나쁜 일도 생긴다.
그러므로 천하는 늘 일 없는 것을 복으로 여긴다.
옛사람의 시에 이르기를
"그대에게 권하노니, 제후에 봉하는 일은 말하지 말라.
한 장수의 공을 위해 만 사람의 뼈가 마르느니라." 하였고,
또 이르기를 "천하가 늘 평화롭다면
칼이 갑 속에서 천년을 썩어도 아깝지 않으리라." 하였다.
이러한 시를 읽으면 영웅의 마음과 맹렬한 기상이 있을지라도
자기도 모르는 사이에 얼음과 눈 녹듯이 사라질 것이다.

一事起則一害生. 故天下常以無事爲福. 讀前人詩云:
일 사 기 즉 일 해 생   고 천 하 상 이 무 사 위 복   독 전 인 시 운

"勸君莫話封侯事, 一將功成萬骨枯." 又云: "天下常令萬事平,
권 군 막 화 봉 후 사   일 장 공 성 만 골 고   우 운   천 하 상 령 만 사 평

匣中不惜千年死." 雖有雄心猛氣, 不覺化爲氷霰矣.
갑 중 불 석 천 년 사   수 유 웅 심 맹 기   불 각 화 위 빙 산 의

🪴 알 수 없는 세상사

음란한 여인도
극단에 이르면 여승이 되고,
세상일에만 열중하던 사람도
실패하면 격해져서 승려가 되는 수가 있으니
맑고 깨끗해야 할 절이
음란과 사악의 소굴이 되는 것은 이 때문이다.

淫奔之婦, 矯而爲尼, 熱中之人, 激而入道. 淸淨之門,
음 분 지 부   교 이 위 니   열 중 지 인   격 이 입 도   청 정 지 문

常爲婬邪之淵藪也如此.
상 위 음 사 지 연 수 야 여 차

🌱 마음은 일 밖에 두라

물결이 하늘까지 솟구치면
배 안에서는 두려움을 모르되
배 밖에서 바라보는 사람은 마음을 졸인다.
미치광이가 좌중에서 외쳐 대면
그 자리에 있는 사람은 경계하지 않지만
자리 밖에 있는 사람이 혀를 찬다.
고로 군자는 몸이 일하는 와중이라도
마음은 반드시 일 밖에서 초연해야 한다.

波浪兼天, 舟中不知懼, 而舟外者寒心. 猖狂罵座, 席上不知警,
파 랑 겸 천 주 중 부 지 구 이 주 외 자 한 심   창 광 매 좌 석 상 부 지 경

而席外者咋舌. 故君子身雖在事中, 心要超事外也.
이 석 외 자 색 설 고 군 자 신 수 재 사 중   심 요 초 사 외 야

🪴 덜어 내야 온전해진다

인생이란 덜어 버린 만큼 초탈할 수 있다.

불필요한 관계를 줄이면 번거로움에서 벗어날 수 있고,

불필요한 말을 줄이면 허물이 적어지며,

불필요한 생각을 줄이면 정신이 소모되지 않고,

총명함을 내세우지 않으면 타고난 본성을 온전히 할 수 있다.

그러나 덜어 버릴 줄 모르고

오히려 날마다 더하는 데 힘쓰는 자는

참으로 자신의 인생을 속박하는 사람이다.

人生減省一分, 便超脫一分. 如交遊減便免紛擾,
인 생 감 생 일 분 변 초 탈 일 분 여 교 유 감 변 면 분 요

言語減便寡愆尤, 思慮減則精神不耗. 聰明減則混沌可完.
언 어 감 변 과 건 우 사 려 감 즉 정 신 불 모 총 명 감 즉 혼 돈 가 완

彼不求日減而求日增者, 眞桎梏此生哉.
피 불 구 일 감 이 구 일 증 자 진 질 곡 차 생 재

🌱 자기 마음을 다스릴 수 있다면

천지 운행으로 말미암은 추위와 더위는 피하기 쉬워도
인간 세상의 따뜻함과 싸늘함은 없애기 어렵고,
인간 세상의 따뜻함과 싸늘함은 벗어나기 쉬워도
내 마음이 차고 더워지는 변덕은 버리기가 어렵다.
마음이 차고 더워지는 변덕을 버릴 수만 있다면
마음은 온화한 기운으로 가득 차서
가는 곳마다 봄바람이 불 것이다.

天運之寒暑易避, 人生之炎涼難除. 人生之炎涼易除,
천 운 지 한 서 이 피   인 생 지 염 량 난 제   인 생 지 염 량 이 제
吾心之氷炭難去. 去得此中之氷炭, 則萬腔皆和氣,
오 심 지 빙 탄 난 거   거 득 차 중 지 빙 탄   즉 만 강 개 화 기
自隨地有春風矣.
자 수 지 유 춘 풍 의

🪴 욕심이 없으면 부족함도 없으리니

굳이 좋은 차만 구하지 않는다면 찻주전자가 마르지 않을 것이요,
좋은 술만을 구하지 않는다면 술동 또한 비지 않을 것이다.
장식을 하지 않은 거문고는 줄이 없어도 늘 고른 소리가 나고,
단소는 구멍이 없어도 스스로 즐겁다.
비록 중국 고대 황제인 복희씨는 뛰어넘기 어려워도
가히 죽림칠현과는 벗할 수 있을 것이다.

茶不求精而壺亦不燥. 酒不求冽而樽亦不空. 素琴無絃而常調,
차 불 구 정 이 호 역 부 조   주 불 구 열 이 준 역 불 공   소 금 무 현 이 상 조
短笛無腔而自適. 終難超越羲皇, 亦可匹儔嵇阮.
단 적 무 강 이 자 적   종 난 초 월 희 황   역 가 필 주 계 완

🌱 완벽을 구하지 말라

불교의 '수연隨緣'과 유교의 '소위素位',
이 네 글자는 곧 바다를 건너게 하는 구명구와 같다.
대개 세상살이는 아득하여 모든 일마다 완전함을 구하면
곧 마음의 실타래가 만 갈래로 어지럽게 일어나는 법이다.
그러므로 상황에 따라 마음을 편하게 먹으면
이르는 곳마다 만족을 얻을 것이다.

釋氏隨緣, 吾儒素位, 四字是渡海的浮囊. 蓋世路茫茫, 一念求全,
석 씨 수 연 오유소위사 자 시 도 해 적 부 낭   개세로망망   일 념 구 전
則萬緒紛起. 隨寓而安, 則無入不得矣.
즉 만 서 분 기   수 우 이 안   즉 무 입 부 득 의

🎣 해설

불교 용어인 수연隨緣은 '만사가 모두 인연을 따라 이루어진다'는 뜻이
고, 유가에서 말하는 소위素位는 '자기의 본분을 지키며 살아가라'는 뜻입
니다. 이 수연소위 네 글자를 에어백 삼아 세상이라는 바다를 건너라고
말하고 있습니다.